September 2018

Für

Frau Margarete Palz

zur Erinnerung an die
frühen Jahre in Saarbrücken
und mit den besten Wünschen

Ludwig Linsmayer

In memoriam

Walter Barbian

(1919 – 2005)

ECHOLOT

HISTORISCHE BEITRÄGE
DES LANDESARCHIVS SAARBRÜCKEN

BAND 9

Herausgegeben von
Ludwig Linsmayer

im Auftrag der
Vereinigung zur Förderung
des Landesarchivs Saarbrücken

Paul Burgard / Ludwig Linsmayer (Hg.)

Bilder der Großstadt

Barbian belichtet Saarbrücken (1948–1965)

echolot

Gedruckt mit finanzieller Unterstützung der Landeshauptstadt Saarbrücken

Impressum

Herausgeber:	Paul Burgard/Ludwig Linsmayer
Konzeption, Titelgestaltung, Layout, Bildauswahl, Bildtexte, Redaktion:	Paul Burgard/Ludwig Linsmayer
Fotos:	Walter Barbian © Frank W. Barbian www.saarlandarchiv-walter-barbian.eu
Druckvorstufe:	TeamRepro GmbH, Wadgassen
Druck und Verarbeitung:	Merziger Druckerei und Verlag GmbH & Co KG

© Vereinigung zur Förderung des Landesarchivs Saarbrücken.
Alle Urheber- und Verlagsrechte vorbehalten.
Dies gilt insbesondere für Vervielfältigung, Mikroverfilmung, Einspeicherung und Verarbeitung durch elektronische Systeme.

Saarbrücken 2009

ISBN: 978-3-9811672-2-1

Inhalt

Grußwort: Charlotte Britz   7
         Oberbürgermeisterin der Landeshauptstadt Saarbrücken

Die Großstadt wird hundert. Eine Halbzeitbilanz in Bildern   8
(Paul Burgard/Ludwig Linsmayer)

STADT AUS STEIN   34

    Bahnhof und Ankunft   36
    Saar und Brücken   48
    Über den Dächern der Hauptstadt   72
    Straßenschluchten, Häuserfronten   92
    Platz für alle   120
    Alte Orte, neue Orte, Utopien   146
    Raum für Romantik?   178

Formierung der Landeshauptstadt.   198
Saarbrücken in der Nachkriegszeit (1945 – 1960)
(Irmgard Christa Becker)

MENSCHEN IN DER STADT   218

    Bühne für Bürger   220
    Die Ordnung des Verkehrs   244
    Die Welt der Arbeit   270
    Gute Unterhaltung   300
    Zwischen Stadt und Stadion   332
    Konsum vor dem Kaufrausch   360

Lebendige Unordnung – Die Fotografie Walter Barbians   388
(Frank Barbian)

Literatur- und Bildnachweis   406

Grußwort

Liebe Leserinnen und Leser,

die Großstadt Saarbrücken wird 100 Jahre alt. 1909 ist sie aus der Vereinigung der Städte Saarbrücken, St. Johann und Malstatt-Burbach hervorgegangen. Der Zusammenschluss war ein dringend notwendiger Schritt. Die Industrialisierung und die immense Nachfrage nach Kohle und Stahl führten zu einem ungeheuren Bevölkerungswachstum. Die drei Saar-Städte waren aufeinander zu- und schließlich praktisch zusammengewachsen. In der Folge gestaltete es sich immer schwieriger, die resultierenden Probleme alleine zu lösen. Wohnungs- und Straßenbau, öffentliche Verkehrsmittel, Energie- und Wasserversorgung, Kanalisation – die Herausforderungen in all diesen Bereichen waren kaum noch selbstständig zu bewältigen.

Heute – 100 Jahre nach der Vereinigung – kann kaum eine andere deutsche Großstadt auf eine vergleichbar wechselvolle Geschichte zurückblicken wie Saarbrücken. Dabei war vor allem auch unsere Nähe zu Frankreich prägend. Die heute 100-jährigen Saarbrückerinnen und Saarbrücker haben im Verlauf ihres Lebens sage und schreibe fünf Mal ihre Nationalität gewechselt.

Das Jubiläum bietet uns Gelegenheit, die zurückliegenden hundert Jahre Revue passieren zu lassen. Wir können uns damit auseinandersetzen, welche Ereignisse identitätsstiftend waren und welche Entwicklungen in Zukunft weiter geführt werden sollen. In einem weit gefächerten Programm mit Ausstellungen, Vortragsreihen, Festivals und Konzerten wird Saarbrücken im Jahr 2009 seine Wurzeln, seine Entwicklung, seine Gegenwart und seine Zukunftsperspektiven präsentieren. Hier reiht sich die Publikation „Bilder der Großstadt" des Landesarchivs nahtlos ein. Sie zeigt in Texten und Bildern Saarbrücker Stadtgeschichte in der Nachkriegszeit. Die Fotos stehen dabei im Mittelpunkt. Die dazugehörigen Texte runden das Bild, das von unserer Stadt gezeichnet wird, ab.

Ich wünsche Ihnen, liebe Bürgerinnen und Bürger, viel Freude und interessante Einblicke beim Stöbern in unserer spannenden Saarbrücker Geschichte.

Ihre
Charlotte Britz
Oberbürgermeisterin der Landeshauptstadt Saarbrücken

↑
Rathausturm 1950/1951
↗
Junge Arbeiterin in der saarländischen Streichholzfabrik, 1952

Die Großstadt wird hundert
Eine Halbzeitbilanz in Bildern

1

Es ist sicher nichts Ungewöhnliches, einer rüstigen Dame zum hundertsten Geburtstag ein Album mit Bildern ihres Lebens zu schenken. Nicht ganz so normal erscheint es, der betagten Jubilarin eine fotografische Kollektion zu widmen, die sie ausschließlich im Alter von 40 bis 50 Jahren zeigt. Und dennoch gibt es auch dafür gute Gründe: die Verbeugung vor der Leistung in ihrer schwierigsten Lebensphase, die romantische Reminiszenz an die „gute alte Zeit", vielleicht sogar ein kleines kokettes Spiel mit ihrer „Jugend", die die Schöne auf diese Weise in Erinnerung rufen darf. Schließlich und vor allem sind die Fotos selbst das beste Argument, zumal dann, wenn diese Aufnahmen von einem Liebhaber der alten Dame stammen und dieser Liebhaber ein begabter Fotograf war. Walter Barbian war ein virtuoser „Lichtzeichner", und seine große Liebe galt, wie wir aus den Worten seines Sohnes in diesem Band erfahren dürfen, der alten Dame Saarbrücken. Barbian kam 1919 zur Welt, da war Saarbrücken bereits seit zehn Jahren „groß".

Als am 1. April 1909 aus drei selbstständigen Saarstädten eine wurde, gab man der auf dem Verwaltungsweg geborenen Großstadt den Namen Saarbrücken. Das war eine gute Wahl, auch wenn es die Malstatt-Burbacher und die St. Johanner, die von alters her mit der barocken Schwester jenseits des Flusses konkurrierten, anders gesehen haben mochten. Denn nicht nur die Ancienität und der fürstliche Glanz, die nun auf dem Großstadtnamen lagen, sprachen für eine solche Entscheidung. Viel mehr noch als es den Stadtverordneten damals vielleicht bewusst war, drückte „Saarbrücken" auch das verbindende Wesen der zusammengeschweißten Kommune aus. Der Fluss als Lebensader und die Notwendigkeit, ihn zu überqueren: Was bereits auf die mittelalterlichen Ursprünge der Stadt zurückverweist, wurde nun zu *dem* Symbol der Städtevereinigung. Da war es nachgerade logisch, dass das erste städtebauliche Großprojekt Saarbrückens eine Flussüberführung war. Die 1910 eingeweihte Kaiser-Friedrich-Brücke verband die Schwesterstädte im Zuge der Dudweiler Straße und rückte so die neuen Zentren diesseits und jenseits der Saar unmittelbar zusammen.

Hundert Jahre und einige Brückenbauten später steht die Saar heute erneut, sogar mehr denn je, im Zentrum kommunaler Zukunftsperspektiven. Das Leitprojekt „Stadtmitte am Fluss" sagt im Grunde mit drei Worten, wohin die Reise gehen soll: die Neubelebung eines urbanen Mittelpunktes am Wasser, die Rückeroberung der Saarufer als Arbeits-, Wohn- und Freizeitraum und last but not least die Schaffung einer flussübergreifenden Stadtlandschaft – all dies soll die Attraktivität für Bürger- und BesucherInnen Saarbrückens steigern und der Kommune belebende

Paul Burgard/Ludwig Linsmayer

Impulse für eine moderne Urbanität im 21. Jahrhundert geben. Dass dafür mit der Stadtautobahn ausgerechnet jenes Bauwerk „verschwinden" muss, das Jahrzehnte zuvor als die Errungenschaft gefeiert wurde, die (automobilen) Fortschritt in einer Zukunft mit nahezu grenzenlosen Möglichkeiten versprach, mag wie eine Ironie der Geschichte erscheinen. Im Prinzip spiegelt sich darin jedoch nur der grundlegende Wandel wider, dem nun einmal alle Lebensbereiche unterliegen, die Technik, die Kultur und natürlich auch die Philosophie einer stadtbürgerlichen Gesellschaft.

Hundert Jahre also liegen zwischen der Kaiser-Friedrich-Brücke über den Fluss und der „Stadtmitte am Fluss", ein Säkulum ist seit jenem Tag vergangen, an dem Kaiser Wilhelm, der gleichzeitig König von Preußen war, „seine" Saarstädte gesetzlich vereinte. „Nur" ein Jahrhundert möchte man fast sagen angesichts der Fülle von Ereignissen, die die Großstadt an der Grenze in diesem Zeitraum erlebte. Fünf höchst unterschiedliche Staatswesen haben die Saarbrücker kommen und gehen sehen, einige glänzende Tage durften sie feiern, so manchen Tiefpunkt mussten sie freilich auch überstehen. Die historischen Entwicklungen und Veränderungen haben Spuren in der Stadtlandschaft hinterlassen, manche stammen aus längst vergangenen Zeiten und sind noch heute zu „lesen". Am tiefsten war fraglos der Einschnitt, den der Zweite Weltkrieg brachte. Seine verheerenden Zerstörungen hinterließen Wunden am Stadtkörper, deren Narben zum Teil noch immer auffindbar sind. Der Destruktion folgte eine Neu-Konstruktion des Gemeinwesens, ein Entwurf, der allerdings nicht nur den Erfordernissen der Stunde Null geschuldet war, sondern auch den politisch-kulturellen Rahmenbedingungen neu definierter Urbanität nach dem Zweiten Weltkrieg entsprach.

2

Der Wandel vom zerstörten Vorkriegs-Saarbrücken zur modernen Landeshauptstadt, wie wir sie seit den 1960er Jahren kennen, vollzog sich nicht von heute auf morgen. Es war ein Übergang in Etappen, eine Metamorphose, zu der Wiederaufbau und Rekonstruktion ebenso gehörten wie eine großflächige Neugestaltung, die sich keineswegs mit den Baulücken begnügte, die der Krieg hinterlassen hatte. Und es gehörte dazu manch kühner Entwurf und visionärer Plan, der niemals in die Realität umgesetzt wurde; Utopien, die nichts desto trotz genauso ein Teil der Saarbrücker Geschichte geworden sind wie jener autonome Saar-Staat, dessen Motor die Großstadt bis 1955 war. Wie dieser Staat, der in einem denkwürdigen Referendum „abgewählt" wurde, so glich auch die Saarbrücker Nachkriegsgeschichte einem großen Experiment. Das städtische Leben musste neu begründet, entwickelt und bisweilen auch neu entdeckt werden; wie nie zuvor oder danach konnte man über eine „Spielwiese" verfügen, auf der sich aufregende Möglichkeiten boten, auf der man aber auch grandios scheitern konnte. Es war in vieler Hin-

Die Großstadt wird hundert. Eine Halbzeitbilanz in Bildern

Hinsicht eine schillernde Zeit: Das Alte war noch nicht (restlos) verschwunden, das Neue noch nicht eindeutig sichtbar.

Es ist dieser ambivalente Grenzraum der Stadtgeschichte, von dem uns die hier gezeigten Bilder erzählen. Eine amorphe Epoche von gut 15 Jahren, die mit dem Wiederaufbau in der zweiten Hälfte der 1940er Jahre begann und Anfang der 1960er ihr Ende fand, zu einem Zeitpunkt, als das neue Saarbrücken klare Konturen gewann. Es ist, um die Zeit nochmals am Fluss der Saar zu messen, jene Spanne, die zwischen der Instandsetzung der Alten Brücke und dem aufwändigen Neubau der Wilhelm-Heinrich-Brücke verging, der barock benamten und doch modernsten Brücke, die den „kreuzungsfreien" Anschluss der Saar-Hauptstadt an das bundesdeutsche In- und das europäische Ausland herstellen sollte.

Als die Großstadt 1959 ihr 50jähriges Jubiläum feierte, war der Saarbrücker Wandel voll im Gange. Wenn auch noch lange nicht alle Projekte für die „neue" Stadt umgesetzt worden waren, so waren doch einige bereits in Angriff genommen, bei anderen waren zumindest die Pläne fertig geschrieben und gezeichnet. Das Jubiläumsjahr sollte einen weiteren Schub für die kommunale Entwicklung bringen, zumal in jenem Sommer auch die wirtschaftliche Eingliederung in die Bundesrepublik vollzogen wurde. Um den BürgerInnen den Stand der Dinge und die weiteren Schritte näher zu bringen, stellten die Saarbrücker Stadtplaner und -bauer unter der Leitung von Baudirektor Krajewski eine Ausstellung zusammen, die am 27. Mai im Saarlandmuseum eröffnet wurde. Auf mehr als 300 Großbildern sowie mit Hilfe von Karten, Grafiken und Modellen wurde die Entfaltung des Saarbrücker Stadtlebens dokumentiert, von den römischen Anfängen bis zu den zeitgenössischen Errungenschaften und Visionen. „Du und Deine Stadt" hieß die Ausstellung, und sie machte so bereits im Titel klar, dass die „Stadt" immer sehr viel mehr war als eine Ansammlung von Häusern, Straßen, Plätzen und Vierteln. Die Stadt, das waren immer auch die Menschen, die sie belebten und bewohnten, gestalteten und veränderten, das waren Bürger und Besucher, die hier ihrer Arbeit nachgingen oder ihre Freizeit verbrachten, das waren die Frauen, Männer und Kinder, die aus Saarbrücken einen kulturellen Kosmos machten.

In gewisser Hinsicht ist dieses Buch eine kleinformatige Fortsetzung der Jubiläumsschau von 1959. Zumindest sind dem Band zwei Prinzipien zu eigen, die auch die Ausstellungsmacher von damals befolgten. Zum einen ist das die Erzählung der Stadtgeschichte in Bildern, in fotografischen Arrangements, die mehr sein sollen als beliebige Illustrationen für eine im pittoresken Gewand daherkommende Geschichtsinterpretation. Zum anderen liegt dieser buchstäblichen Stadtbetrachtung ein Verständnis zu Grunde, das der amerikanische Soziologe Richard Sennett vor einigen Jahren in der Symbiose von „Fleisch und Stein" erfasste. Gemeint ist eine anthropologische Sicht von Urbanität, die sowohl der Tatsache Rechnung trägt, dass die Stadt von Menschen und für Menschen gemacht ist, als auch zeigen will, wie die Menschen ihre Stadt erfahren. Dass so etwas mit allen Sinnen geschieht – mit Sehen und Hören, mit Riechen, Tasten und

Paul Burgard/Ludwig Linsmayer

Schmecken –, merkt man ganz besonders, wenn man zum ersten Mal eine fremde Stadt besucht. Wie man bei dieser Gelegenheit auch unzweifelhaft feststellt, dass die Augen bei der gesamtsinnlichen Erfahrung an erster Stelle stehen, bei der Erkundung der Stadt, bei der Betrachtung der Bilder, die man von ihr mit nach Hause bringt, und somit auch später, bei der Erinnerung an das vergangene Erlebnis.

Kein Wunder also, dass Stadt und Fotografie seit der Erfindung dieses Mediums eine quasi natürliche „Liaison" eingegangen sind, wie das Verhältnis kürzlich in einem Bildband über Paris genannt wurde. Daraus konnte sich im Laufe eines Jahrhunderts eine kongeniale Partnerschaft entwickeln, die der Fotografie zu einem triumphalen Durchbruch verhalf und auf der anderen Seite die individuelle Ansicht jeder größeren Stadt in der ganzen Welt bekannt machte.

Diese Erfolgsgeschichte hat freilich Wurzeln, die tiefer reichen, als es ein von wechselseitiger Nützlichkeit geprägtes Verhältnis vermuten lässt. Tatsächlich ist die Fotografie ein Kind der Stadt, oder präziser: ein Kind der in städtischer Kultur entfalteten Technik. Präzision und Reproduzierbarkeit, Bewegung und Beschleunigung, Gleichmaß und Veränderung: Viele Grundlagen der industriellen Zivilisation sind dem Geist der Fotografie eingeschrieben. Auf einen Nenner gebracht ist es der Wunsch nach Beherrschung der Zeit, der hier wie da Pate stand. Mit unterschiedlichen Folgen freilich: Die Menschen treibt er seit Generationen in ihrem (Gewinn)Streben zu ständig neuen Höhenflügen und führt sie ebenso oft zu – nicht nur psychischen – Abstürzen. In der Fotografie hingegen scheint dieser Wunsch von Anfang an wie selbstverständlich eingelöst. Gleich in zweifacher Hinsicht ist es in ihr gelungen, die Zeit zu domestizieren: in Form der Belichtungszeit, die das Bild erst hervorbringt, und in Form der Speicherung auf einem Medium, das die Momentaufnahme für die Nachwelt „einfriert". Es ist wohl nicht zuletzt diese Magie, die aus einer Beherrschung des sonst Unbeherrschbaren erwächst, die uns immer wieder beim Betrachten (alter) Fotografien fasziniert.

Dass die Fotografie in dieser doppelten Hinsicht ein Zeitzeugnis ist, zeigt das Titelbild wie kaum eine andere Aufnahme des vorliegenden Bandes. Einerseits weisen die einzelnen Bildinhalte, die Autos, die Fußgänger, die Bebauung, eindeutig in eine ziemlich präzise zu verortende Saarbrücker Vergangenheit, die sich bei genauerer Analyse sogar jahres- und tageszeitlich umreißen lässt. Andererseits wird hier auch die Belichtungszeit, wenn man so will: das mediale Zeit-Zeugnis, sichtbar. Durch die relativ lange Belichtung der Aufnahme verschwimmen nicht nur die Konturen von vorbeifahrender Straßenbahn und Auto, auch die Passanten verlieren ihre physiognomische Eindeutigkeit, verschwindet doch ihr gehendes Beinwerkzeug fast im Zeitloch des geöffneten Kameraverschlusses. Auf diese Weise kommt in ein stehendes Bild Bewegung, ja werden sogar drei unterschiedliche Geschwindigkeiten sichtbar gemacht. Ausgerechnet die PKWs, deren Bedeutung durch die scheinbar exakte „Zuordnung" der Passsanten eher hervorgehoben als verdeckt wird, also ausgerechnet die Ikonen individueller Mobilität der Wirtschafts-

Die Großstadt wird hundert. Eine Halbzeitbilanz in Bildern

wunderzeit, ruhen hier; das gibt dem Ganzen eine ironische Fußnote. Die hölzerne Barriere, die zwischen dem Fotografen und dem Fotografierten steht, erhöht die dramaturgische Wirkung des Bildes, lässt das Saarbrücker Straßengeschehen gewissermaßen auf einer Bühne stattfinden. Gezeigt werden auf dieser Bühne eigentlich nur die verschiedenen Spielarten des vorbeifließenden Verkehrs. Und doch gibt es vermutlich keine bessere „Show", um gleichzeitig den Geist der Großstadt – das dynamisch Vortwärtsdrängende, das Individuelle, auch das Flüchtige – wie das Wesen der Fotografie einzufangen. Dieses Bild von Walter Barbian musste fast zwangsläufig den Buchdeckel zieren.

Seite 57

3

Es sind jedoch nicht nur die Wesensverwandtschaften von urbanem Geist und fotografischer Technik, die seit jeher die Bilder der Großstadt geprägt haben. Auch die kulturell überlieferten Perspektiven und Sehgewohnheiten haben in ihrer zeittypischen Spielart ihren Niederschlag gefunden. Ursprünglich war die Fotografie eine Fortsetzung der Malerei mit anderen Mitteln, und vielleicht haben auch deshalb die zwei Genres am frühesten und am nachhaltigsten auf das fotografische Bild von der Stadt gewirkt, die aus der Kunst stammten: die Landschafts- und die Porträtmalerei. Diese Traditionen sind bis heute – und deshalb natürlich auch in Barbians Bildern – präsent. So zum Beispiel, wenn er, etwa entlang der industriell genutzten Saar, Stadtlandschaften in den Fokus nimmt, in denen Menschen, Natur und die bebaute Umwelt zu epischen Gemälden von gleichwohl lyrischer Anmutung verschmelzen. Oder aber, wenn er Häuser, Straßen oder Viertel in einer Weise porträtiert, die den morbiden Charme des Vergangenen hervorhebt, die den Schmerz der Zerstörung dokumentiert, die den leicht arroganten Glanz des erfolgreichen Aufsteigers genauso demonstriert wie die ernüchternde Sachlichkeit eines normalen Neubeginns oder die Banalität einer gescheiterten Randexistenz. Auch die Stadt aus Stein zeigt durch Barbians Linse ihre menschliche Seele.

Seite 75

Die menschliche Seite der Stadt präsentiert sich natürlich erst recht auf den zahlreichen Porträts, auf denen – wie dies im engeren Wortsinn üblich ist – Personen im Vordergrund stehen. Barbians Stadtmenschen werden auf höchst unterschiedliche Weise ins Visier der Kamera genommen. Mal treten sie als eher anonyme Menge auf, die etwa den Bahnhof bei der Rückkehr der Russlandgefangenen belagert, die demonstrierend durch die Stadt zieht, beim Trauerzug für Ministerpräsident Reinert „Spalier steht" oder verschiedenen sportlichen Großveranstaltungen beiwohnt. Auf anderen Aufnahmen scheinen die Menschen, einzeln oder in Gruppen, eher zufällig, manchmal sogar nur am Rande ins Blickfeld geraten zu sein. Das können Passanten sein, die Schaufenster betrachten oder an Ampeln warten, Fußgänger, die im Gespräch innehalten, oder das Kind, dessen neugierigen Blick aus der Notbehausung man erst bei der

Seite 47

Seite 228

Paul Burgard/Ludwig Linsmayer

Seite 247
Seite 111

Seite 54
Seite 302

Seite 328

zweiten Betrachtung entdeckt. Es sind kurzum Menschen, die das Stadtbild im Wortsinn beleben. In einer dritten Variante wartet Barbian mit seinen eigentlichen Porträts auf. Sie zeigen Männer, Frauen und Kinder in ihrem beruflichen, freizeitlichen oder heimischen Umfeld: den Taucher und die Tänzerin, den Bombenentschärfer und die Hochseilartistin, den Dirigenten und den Studenten, den Bauarbeiter und den Metzger, die Schiffersfrau und die Wirtshausbesucherin. Die Bildreportagen, die Barbian über sie gefertigt hat, tragen individuelle, persönliche Züge. Und doch sind sie gleichzeitig auch immer charakteristische und instruktive Beispiele für die Saarbrücker Stadtgeschichte zwischen Nachkriegs- und Konsumgesellschaft. Sie geben uns Einblicke in Orte, Arbeits- und Lebenszusammenhänge, die manchmal aus einer anderen Welt zu stammen scheinen, obwohl sie noch vor sechzig Jahren Realität waren. Zugleich spricht auch aus den Gesichtern der Hauptakteure, aus ihrer Gestik und Mimik, ihrem Auftreten und ihrem Habit der Geist einer Epoche, in der die Großstadt binnen kürzester Zeit die Depression der Kriegszerstörung in eine optimistische Aufbruchsstimmung verwandelte.

Was in diesem Buch nur selten vorkommt, sind die großen Ereignisse und bekannten Personen jener turbulenten Zeit zwischen Saarstaatsgründung und Stadterneuerung. Gleichwohl wird man bei der Betrachtung von Barbians Bildern kaum einen Zweifel daran hegen, dass seine Fotografien auf manchmal ungewöhnliche Weise ein wichtiges Kapitel Saarbrücker Großstadtgeschichte erzählen. Das tun sie zwar inhaltlich und thematisch anders als jene Aufnahmen, die wir vor vier Jahren zur Historie des Saarstaats zusammengestellt haben. Damals wie heute ging und geht es uns jedoch darum, Geschichte mit und durch die – entsprechend arrangierten und kommentierten – Bilder selbst zu

Die Großstadt wird hundert. Eine Halbzeitbilanz in Bildern

schreiben und diese nicht als bloße historische Überbleibsel zu begreifen, die man höchstens zur Auflockerung oder Verdeutlichung der „eigentlichen" Historiographie verwenden darf. Eine solche Herangehensweise ist zwar noch immer nicht selbstverständlich, weder unter Fachwissenschaftlern noch im historisch interessierten Publikum. Das jüngste Studienbuch zur „Visual History" konstatiert im Hinblick auf die deutsche Forschungstradition eine bis in die Gegenwart anhaltende „Ikonophobie", während Kulturwissenschaftler andernorts bereits einen „pictural turn" in ihrer Disziplin propagieren. Doch auch hierzulande ist die allgemeine Aufgeschlossenheit gegenüber den Möglichkeiten einer visuellen Geschichtsinterpretation mit Eintritt des Medienzeitalters und dem Beginn der digitalen Revolution in den letzten beiden Jahrzehnten spürbar gestiegen. Spätestens seit die Historie nicht mehr nur in Fachpublikationen und Büchern verbreitet wird, sondern auch in Zeitungen und Magazinen, in Ausstellungen, Fernsehen, Kino und Internet einen immer größeren Platz erhält (und auf diesem Weg popularisiert wird), ist deutlich geworden, dass und wie sehr unser Geschichtsbewusstsein selbst medial vermittelt ist. Und umgekehrt sorgt die Omnipräsenz des Visuellen dafür, dass der Lauf der Geschichte vermutlich sehr viel stärker als früher von den „richtigen" Bildern bestimmt wird. Wer heute über die jüngere Vergangenheit schreibt, wird also in vielen Bereichen um historische Bilder kaum mehr herumkommen. Doch die Bilder sprechen nicht aus sich selbst, sondern müssen in ihren Kontexten verstanden und dechiffriert werden.

Seite 295

Seite 281

Was Bilder auf den ersten Blick – viel besser und schneller als andere Geschichtsquellen – zu zeigen vermögen, das ist die merkwürdige Ambivalenz, die für den Nach-Betrachtenden in der Vergangenheit zu ruhen scheint. Jene Ambivalenz aus Nähe und Ferne, aus Vertrautem und Fremdem, aus Selbstverständlichkeit und Exotismus. Die jeweiligen Urteile haben natürlich zunächst etwas mit den historischen Vor-Bildern zu tun, die in den Köpfen der Betrachter existieren, mit ihnen wird das Gesehene abgeglichen und entsprechend taxiert. So können auch die Jüngeren zu Beginn des 21. Jahrhunderts Fotografien ganz schnell in ihrem historischen Kontext verorten, obwohl der schon lange in der Vergangenheit verschwunden scheint: Durch weites Prärieland schnaufende Züge fahren selbstverständlich in den „Wilden Westen", ausgelassene Frauen in Charleston-Kleidern tanzen natürlich durch das Berlin der 1920er Jahre, braune Kolonnen mit roten Armbinden marschieren fraglos durch alle deutschen Städte seit 1933. Andererseits haben selbst diejenigen, die eine fotografierte Zeit noch miterlebt haben, kein „ungebrochenes" Verhältnis zu ihrer eigenen Vergangenheit. Sie erscheint ihnen im besten Fall wie durch ein „umgedrehtes Fernglas" betrachtet, wie das Klaus Honnef erst kürzlich in seinem Kommentar zu den Wirtschaftswunder-Bildern des Pressefotografen Jupp Darchinger bemerkte. Das ist kein Produkt einer biographischen Verklärung der eigenen Jugend und auch nur insofern ein Problem der fortschreitenden zeitlichen Entfernung zum Geschehen, als wir im Grunde permanent neue, auch neu zusammengesetzte Erinnerungsbilder produzieren – so funktioniert bio-kulturelles Memo-

Paul Burgard/Ludwig Linsmayer

rieren nun einmal. So veränderlich der Prozess des medialen Erinnerns demnach ist, so sehr ist er andererseits durch die jeweilige subjektive Erfahrungswelt begrenzt: Wir können uns noch so sehr visuell mit einer früheren Epoche bekannt machen, die gleiche Vertrautheit wie die Bilder aus der eigenen Jugendzeit werden solche Fotos nie erwecken. Die Art der Erinnerung scheint also mit einer wie auch immer gearteten Erfahrung des Authentischen zusammenzuhängen.

Wenn es nicht das eigene Miterleben jener Wirtschaftswunderjahre war, dann muss es etwas anderes „Authentisches" sein, das uns in Barbians Bildern Vertrauen einflößt. Die Lösung ist denkbar einfach: Es ist die Stadt selbst, die das Erbe der Vergangenheit in ihren Mauern bewahrt hat wie einen guten Geist, der Verbindungen zwischen gestern und morgen schafft. Schon dem Kommentator der Saarbrücker Ausstellung von 1959 war die zeitübergreifende Wirkung der Stadtbilder bewusst, als er schrieb, „daß die Wurzeln der Stadt in der Geschichte liegen, daß die Konfrontierung mit dem Gegenwartsbild der Stadt die Zukunftsaufgaben ablesen läßt und daß sich damit in dem lebendigen Heute das Gestern und Morgen der Stadt treffen". Heute ist die Zukunft jenes Gestern, das Barbian als seine Saarbrücker Welt porträtiert hat, und so sind wir in der Lage, die städtische Basis für die damaligen Zukunftsvisionen zu sehen und zu erkennen, wie sich die heutige Gegenwart mit der gestrigen vermengt hat. Die Präsenz oder Absenz des Gestern im Heute entscheidet also wesentlich über die angesprochene Ambivalenz bei der Bildbetrachtung. Mal schauen wir in eine fast fremde Welt, mal changiert unser Eindruck in irritierender Geschwindigkeit zwischen dem Vertrauten und dem Unbekannten, manchmal meint man – wie zum Beispiel beim Blick über den St. Johanner Markt – in der heutigen Altstadt zu stehen, um dann doch schnell zu merken, dass hier irgend etwas „nicht stimmt".

Die Ambivalenzerfahrung bei der historischen Fotoschau ist somit eigentlich nichts anderes als eine vorzügliche Illustration des Kardinalproblems jeder Geschichtsschreibung. Denn niemals ist die Historie in den Quellen unmittelbar präsent, immer ist sie das Ergebnis einer – durchaus unterschiedlich starken – Einmischung des Heute ins Gestern. Wir sehen niemals die Vergangenheit, wir interpretieren sie, und zwar dadurch, dass wir uns bekannt erscheinende Traditionslinien stiften und uns unbekannte Phänomene ausgrenzen, im wahrsten Wortsinn definieren. Erst in der synthetisierenden Vermischung von beidem entsteht unser Geschichtsbild. Das allerdings ist damit ein paradoxes Produkt, lässt sich die Vergangenheit doch nur sinnvoll beschreiben, indem wir ihr den Geist der Gegenwart einhauchen, sie also ein Stück weit „zerstören". Wir bewahren Vergangenes, indem wir die zeitliche Distanz zu ihm abbauen, genau das ist die philosophische Botschaft, die man beim Betrachten einer historischen Fotografie empfängt. Im Bild und seiner Betrachtung steckt also „die aufgehobene Zeit", eine wunderbar doppeldeutige Umschreibung, die Hubertus von Amelunxen vor mehr als zwanzig Jahren seinem exzellenten Buch über die Frühgeschichte der Fotografie gab.

Seite 304

Seite 288

Die Großstadt wird hundert. Eine Halbzeitbilanz in Bildern

Nach einer solchen Einsicht lässt sich beim Blick auf unsere Großstadtbilder nur noch schwerlich von der, das heißt einer abgeschlossenen Saarbrücker Vergangenheit sprechen. Das Saarbrücken der 1940er- und 1950er-Jahre erschließt sich nur unseren heutigen Augen, mit allem Wissenszugewinn, aber auch mit dem großen Informationsverlust, den die Zwischenzeit in der kollektiven Erinnerung hinterlassen hat. Diese sich ständig wandelnde Perspektive widerspricht natürlich einer statischen Vorstellung von der Vergangenheit, einer Vorstellung, die durch die versteinerten Ansichten von Häusern und Straßen in zahllosen historischen Bildbänden zementiert wurde. Dass wir hingegen eher Zeugen einer permanenten Verwandlung sind, eines Prozesses, in dem sich das Gestern mit dem Heute und Morgen verbindet, ist bei der Betrachtung der Fotografien dieses Bandes gut nachzuvollziehen, weil der Übergang selbst das Thema vieler dieser Fotos ist. Nicht nur aufgrund der städtebaulichen Ausnahmesituation, auch auf Barbians „Menschenbildern" ist das zu erkennen. Oft scheinen hier mehrere Zeiten gleichzeitig präsent: Der Taucher, der ganz modern den Dingen auf den Grund geht, dabei aber ein Outfit trägt, das eher an die Zukunftsromane eines Jules Verne aus dem 19. Jahrhundert erinnert. Die Macher in einem Fernsehstudio, das in die massenmediale Zukunft weist und doch eher mit der biederen Anmutung eines Puppentheaters daherkommt. Die Autowaschstraße als Vorbote der Vollautomatisierung, in der jedoch nicht überdimensionierte Rollbürsten, sondern „Handwerker" die Putzarbeit verrichten. Oder der Rummel um den Besuch eines Kinder-Kinostars, der sich trotz seines Kult-Status noch mit einer einfachen Puppe beglücken lässt. Einen ähnlichen „cultural lag" entdeckt man auch auf anderen Bildern. Dass man zum Beispiel damals KellnerInnen um die Wette laufen lassen und damit zahllose Zuschauer auf die Straße locken konnte, verdeutlicht einerseits, dass das Zeitalter der Eventkultur schon lange begonnen hat, zeigt aber andererseits, wie sehr das Außergewöhnliche 1949 im Alltäglichen verwurzelt war. Umgekehrt wie beim kognitiven Phänomen – der notwendigen Betrachtung der Vergangenheit aus der gegenwärtigen Perspektive – zeigen diese Bilder also auch, dass faktisch noch ziemlich vieles von gestern im Heute steckt.

Zeit im Bild: Was nach einer weit verbreiteten Ansicht als unkompliziertes Abbildungsverhältnis gilt, entpuppt sich bei genauerem Hinschauen als komplexes Wahrnehmungssystem, das zwar voller Erkenntnismöglichkeiten, aber nicht frei von Paradoxien ist. Paradox erscheint uns, dass die alte Saarbrücker Zeit ausgerechnet dort am eindrucksvollsten festgehalten wurde, wo sie am flüchtigsten war, wo Bewegung, Geschwindigkeit, Dynamik im Spiel waren. In vielen von Barbians Sportbildern wurde die Philosophie des oben beschriebenen Titelbildes geradezu umgekehrt, will sagen: Hier wurde Geschwindigkeit nicht sichtbar gemacht, sondern ganz im Gegenteil belichtungstechnisch eliminiert, so dass Momentaufnahmen entstehen konnten, die weniger als einen Augenblick zeigen. Die Zeit scheint tatsächlich „eingefroren", und man versteht beim Betrachten, warum die Zeitlupe so heißt, wie sie heißt – macht sie doch Dinge sichtbar, die man normalerweise zumindest so nicht sehen kann: Der Rauch der Pistole flattert beim Start des

Seite 314

Seite 324

Seite 333

Paul Burgard/Ludwig Linsmayer

Seite 347

Seite 167

Stadtlaufs im Wind wie eine unförmige Fahne. Der Hochspringer auf dem Kieselhumes scheint festgezurrt in dem Sekundenbruchteil, der über den angestrebten Weltrekord entscheidet. Der Ringer im Johannishof setzt zum Überwurf an und verwächst dabei mit seinem Kontrahenten zum siamesischen Zwilling. Und der Dortmunder Torwart macht im Ludwigspark einen ewig währenden Luftsprung, um den ebenso flug-standhaften Ball doch nie zu erreichen.

Kein Bild dieses Buches zeigt die „eingefrorene Zeit" jedoch so frappierend genau wie jenes, das während einer Reportage auf der Saarbrücker Hauptpost im Jahr 1952 entstanden ist. Auf ihm ist ein Mitarbeiter beim Verteilen der Mittagspost zu sehen, wie er mit einem gezielten Wurf den Sack mit der richtigen Destination zu erreichen versucht. Das Päckchen hat die geöffnete Wurfhand des Postlers vor einer Zehntelsekunde verlassen und steht nun, allen Gesetzen der Schwerkraft trotzend, auf halbem Weg zwischen Tisch und Sack in der Luft. Auch der Wurfarm hat seine radiale Bewegung noch nicht bis zum letzten Ende ausgeführt, und doch wird mit dem linkshändigen Zubringer schon das nächste Päckchen auf den Weg gebracht. Als ob das Schauspiel von der angehaltenen Zeit auch noch der technischen Unterstützung bedürfte, hängt über den Postsäcken eine minutengenaue Uhr. Es ist Dienstag, der 26. Februar 1952, 14.08 Uhr. Man wartet als Betrachter dieses Bildes fast darauf, dass der „Film" weitergeht.

4

Die Menschen und ihre Stadt, das Foto und seine Zeit: vielschichtige Beziehungen, die es zu keinem leichten Unterfangen machen, die Saarbrücker Großstadt-Vergangenheit in Bildern zu erklären. Auch wenn ein so vorzüglicher Fotograf wie Walter Barbian die Vorlagen lieferte, entsteht ein Bildband wie dieser immer erst durch Auswahl, Zusammenschau und sinnstiftende Ordnungen, die die Aufnahmen in einen plausiblen Kontext stellen. Wir haben uns hier für ein zweiteiliges Arrangement entschieden. Im ersten Hauptteil wird die Stadt selbst vorgestellt, die Physiognomie ihrer Viertel und zentralen Orte, ihrer Straßen, Plätze und Häuser im fraglichen Zeitraum präsentiert. Im zweiten Großabschnitt stehen dann die Menschen im Vordergrund, die SaarbrückerInnen und ihre Besucher, die die Stadt be- und erleben oder in ihr arbeiten. Dass auch auf diesen Bildern ein Stück von Saarbrücken mit in Szene gesetzt wird, ist so selbstverständlich wie die Tatsache, dass im ersten Teil nicht nur menschenleere Steinwüsten zu sehen sind: Die Stadt, wir sprachen schon mehrfach davon, ist eine Synthese von „Fleisch und Stein".

Seite 39

Das menschliche Maß war auch bei der Binnengliederung der Hauptteile die wichtigste Richtschnur. Saarbrücken sollte deshalb im ersten Teil so gezeigt werden, wie Bürger und Besucher es kennenlernen, erfahren und visuell vereinnahmen. Deswegen musste der Hauptbahnhof am

Die Großstadt wird hundert. Eine Halbzeitbilanz in Bildern

Anfang des Buches stehen, fast wie ein fotografischer Prolog mit eigenständigem Charakter, weil der Bahnhof, wie man heute sagen würde, die Schnittstelle zwischen Saarbrücken und der Außenwelt darstellte. In den 1950er und -60er Jahren nannte man ihn noch eher das „Tor zur Welt", und das war er damals ja in der Tat auch, sogar mit einem gewissen Exklusivitätsanspruch. Freilich war er auch, und zwar vor allem für die saarländische Welt, das Tor nach Saarbrücken, 50.000 Menschen wurden in jener Zeit täglich vom Bahnhof in die Stadt „gespült". Dass ein solcher Ort des Kommens und Gehens nicht nur als Grenzraum, als Übergang zwischen draußen und drinnen bemerkenswert ist, zeigen die Bilder, auf denen Saarbrücker (Bahnhofs)Geschichte geschrieben wurde: beim Staatsempfang für einen französischen Minister 1949, bei der Verabschiedung der saarländischen Olympiamannschaft 1952 und ganz besonders am Neujahrstag 1957, als Bundeskanzler Adenauer am Saarbrücker Bahnhof zum ersten Mal den Boden „seines" elften Bundeslandes betrat.

Seite 42

Das zweite Kapitel widmet sich ausschließlich den Orten, die seit Beginn der Stadtgeschichte zentral für die Menschen waren. Die Saar und ihre Brücken standen ja nicht nur namentlich am Beginn der Großstadtgeschichte. Der Fluss, der die Kommune von Osten nach Westen in ihrer gesamten Länge durchfließt, markiert mit den Höhenzügen zu beiden Seiten auch den natürlichen Stadtraum, dessen Längsachse er somit darstellt. In den Jahren des Aufbruchs nach dem Krieg begannen die Saarbrücker ihr feuchtes Herz zu verlieren, indem sie es rechts und links zumauerten, die Anfänge davon sind auf Barbians Bildern bereits zu entdecken. Andererseits fand der Fotograf noch genügend idyllische Flusslandschaften, romantische Nischen, die dem modernen Zeitgeist zu trotzen schienen. Dass die Saar hin und wieder „zurückschlägt", als wollte sie sich gegen die menschlichen Vereinnahmungen wehren, wissen die Saarbrücker seit Jahrhunderten. Und sie bekamen es 1947 besonders bitter zu spüren, als die halbe Stadt durch eine Kombination von Naturkatastrophe und Kriegsspätfolgen vom Hochwasser heimgesucht wurde. Von der Hafeninsel zum Beispiel blieb, so wie sie Barbian bei diesem Anlass fotografiert hat, nur noch ein großer Hafen übrig.

Seite 70

Der nächste Schritt bei der Erkundung der Großstadt geschieht aus halber Höhe. Auch das ist ein durchaus gängiges Verfahren, wenn man sich einen Überblick verschaffen will; die Aussichtspunkte inner- und außerhalb von Städten sind nicht von ungefähr besonders frequentiert. Barbian hatte offenbar keine Höhenangst, und so verdanken wir seinen bisweilen Kletterkünste erfordernden Aufstiegen historische Rundblicke über die Stadt, die alle Himmelsrichtungen ausleuchteten. Vom Turm der Ludwigskirche blickt man bis zur Burbacher Hütte und auf der anderen Seite bis zum St. Johanner Stadtwald, über den Bahnhofsvorplatz kann das Auge rasch bis auf die Höhen über Alt-Saarbrücken oder zum Rastpfuhl gleiten, vom Rohbau des Gesundheitsamtes aus breiten sich die neue Malstatter Brücke und der Stadtteil jenseits der Saar panoramatisch aus. Bei den Fotos aus dem grünen Osten werden die Saarbrücker Gebäude fast zur

Paul Burgard/Ludwig Linsmayer

Seite 77
Seite 81

Seite 78
Seite 83

Seite 102
Seite 103

Nebensache degradiert, das altehrwürdige Bürgerhospital auf dem Reppersberg ebenso wie das architektonisch bemerkenswerte, halbrunde Beamtenhochhaus in St. Arnual, das fast zaghaft von unten ins Bild hineinzuwachsen scheint. Aus der Vogelperspektive wird auch besonders deutlich, wie nachhaltig die Stadt durch die Kriegszerstörungen getroffen worden war. Da sah nicht nur der älteste Teil von Alt-Saarbrücken unterhalb des Schlossberges sehr alt aus, geradezu versunken in einem ziemlich morbiden Charme aus Ruinen, Schrottbergen und Schutthalden. Auch dort, wo bereits eifrig wieder auf- oder neugebaut worden war, koexistierten lange die nüchterne Sachlichkeit der neuen Zeit und die Überreste des zerstörten Vorkriegs-Saarbrücken. Und es gab viel Platz mit ungenutzten Freiflächen, sogar in der zentralen Lage des Bahnhofsviertels, wo die emporragenden Ruinen und Resthäuser einen bizarren Kontrast zu dem gerade entstehenden Gloria-Filmpalast darstellten: die Verheißung von Glamour und schöner Welt inmitten einer Mondlandschaft.

Bei der Fortsetzung der fotografischen Rundreise fällt der Blick sowohl von oben als auch (vor allem) von unten auf die Stadt. Das Interesse gilt jedoch jetzt einzelnen Straßen und Häusern, wir kommen Saarbrücken noch einen Schritt näher. Merkwürdigerweise wirkt auf manchen dieser Nahaufnahmen die Saarbrücker Welt noch beziehungsweise wieder heiler als auf den Überblicksdarstellungen: der eingeschränkte Bildausschnitt macht es möglich. Die autoleere Alleestraße am Landtag oder der mit Schnee überzogene Schlossfelsen präsentieren sich fast in der Idylle der „guten alten Vorkriegszeit", während der Blick hinab vom Hotel Excelsior auf das Straßentreiben an der Ecke Bahnhof-/Triererstraße den Puls der modernen Großstadt illustrieren soll. Die Bilder vom Neubau des heutigen Thalia-Hauses in der Bahnhofstraße und die daneben abgebildete Fotogra-

Die Großstadt wird hundert. Eine Halbzeitbilanz in Bildern

fie vom Neubau der Saaruferstraße jenseits des Kultusministeriums bezeugen Aufbruch und Ausbau Saarbrückens, sie tun dies jedoch mit sehr unterschiedlichen Anmutungen. Im ersten Fall kann der Betrachter noch regelrecht die Patina der Vergangenheit erkennen, die über dem Geschehen zu liegen scheint, beim zweiten gibt die Rasanz der Inszenierung keinen Raum mehr für rückwärtsgewandte Perspektiven. Recht kontrastreich fällt auch der Vergleich zwischen den vorweihnachtlichen Innenstadtstraßen und dem aus dem Boden gestampften Wohnviertel in der Bruchwiese aus. Wenn die Nacht über Saarbrücken hereinbrach und die Lichter der Großstadt sich auf regennassem Asphalt oder Autoblech spiegelten, dann konnte man fast meinen, Reichs- und Dudweilerstraße aus den 1930er Jahren vor sich zu haben. Ganz anders dagegen der Blick auf die hellen Häuser und die lichte Weite der Bayernstraße. Solche Wohnviertel galten damals gesellschaftspolitisch wie architektonisch als vorbildlich und zukunftsweisend, und genau so versuchte sie Barbian auf Fotopapier zu bannen. Dass er dabei das „Sackgasse"-Schild in den Vordergrund seines Bildes rückte, hat natürlich nichts mit düsteren Visionen zu tun, die die 20 Jahre später anhebende Kritik an den „Wohnsilos" symbolisch vorwegnimmt. Vielmehr sprach daraus die Beruhigung des Familienvaters Barbian, der selbst in der Bruchwiese Quartier genommen hatte und seine Kinder hier nicht mehr den Gefahren eines dramatisch angewachsenen Verkehrs aussetzen musste.

Seite 98

Seite 118

Saarbrücken und seine Plätze – ein Thema, mit dem viel mehr als nur ein Kapitel zu bebildern gewesen wäre und das tatsächlich in anderen Kapiteln dieses Buches auch immer wieder visualisiert wird. Die Bedeutung des Sujets liegt auf der Hand, sind doch die Plätze seit jeher Schaubühne und Kristallisationskern des öffentlichen Lebens einer Kommune. Hier wurde schon immer Politik gemacht, hier traf man sich zu Kundgebungen, zu Feiern oder zu Demonstrationen. Die Großstadt Saarbrücken hatte es nicht ganz einfach mit ihren Plätzen, zumal es – nicht zuletzt infolge der relativ späten Städtevereinigung – *den* zentralen öffentlichen Ort nie gab. Es existierten jedoch zu unterschiedlichen Zeiten verschiedene Plätze, auf denen das öffentliche Leben pulsierte. Erst in der jüngeren Vergangenheit hat zum Beispiel der St. Johanner Markt seine Funktion als zentrale Begegnungsstätte erhalten, nachdem die urbane Kommunikation hier nicht mehr durch den fließenden Straßenverkehr behindert wurde. Dagegen hat der Landwehrplatz, der lange Zeit ein Zentrum der St. Johanner Aktivitäten war und dies bis in die späten 1950er Jahre blieb, vieles von seiner früheren Vitalität verloren. Ein Beispiel für das völlige Verschwinden eines ehedem belebten Platzes bietet der Neumarkt, der als vormals politisch-kulturell-ökonomisches Zentrum Alt-Saarbrückens freilich schon nach dem Weltkrieg nur noch ein Schattendasein fristete, um Ende der 1950er Jahre ganz der neuen Verkehrsführung geopfert zu werden. Mit dem Ludwigs- und dem Schlossplatz sowie dem St. Johanner Markt haben wir in dem einschlägigen Kapitel dieses Bandes vor allem die Orte berücksichtigt, die auch heute noch in der allgemeinen Wahrnehmung eine wichtige Rolle spielen. Dass der Ludwigsplatz dabei an

Paul Burgard/Ludwig Linsmayer

erster Stelle kommt, hat mehrere Gründe. Obwohl er aufgrund seiner sakralen Aura als Ort des öffentlichen Lebens in der Großstadtgeschichte eine eher untergeordnete Rolle spielte, ist er doch fraglos die perfekteste, architektonisch geschlossenste Platzanlage Saarbrückens. Die Entscheidung für den Wiederaufbau des Ensembles von Kirche und Palais war über die damit verbundene Bewahrung eines wichtigen Zeugnisses spätbarocker Baukunst hinaus von hoher Symbolkraft für die Stadt. Denn damit bewies sie nicht nur ihren Willen, ungeachtet des verheerenden Ausmaßes der Zerstörung auf einer Jahrhunderte lang bestehenden Tradition weiter aufzubauen. Auch der Kontrapunkt, der mit der wieder entstehenden Schönheit gegen ein weitgehend zerstörtes Umfeld und gegen die bisweilen seelenlose Sachlichkeit vieler Neubauten gesetzt wurde, ist nicht zu unterschätzen. So wurde die Ludwigskirche knapp 200 Jahre nach ihrer Einweihung noch einmal zu einem architektonischen Leuchtturm, an dem sich die Stadt orientieren konnte. Walter Barbians Porträt des Bildhauers, der auf der Attika der Kirche konzentriert an den Details einer Flammenvase feilt, während unter ihm eine ruinierte Geisterstadt liegt, gibt den erläuterten Zusammenhang fast perfekt wieder.

Seite 121

Auch die beiden letzten Kapitel des ersten Teils zeigen vornehmlich Plätze des öffentlichen Lebens in der Großstadt, zunächst allerdings vor allem solche Orte und Gebäude, denen eine bestimmte politische, kulturelle, ökonomische oder sportliche Funktion zukam. Weil sich das urbane Leben an diesen Orten teilweise zwischen vier Wänden abspielt, folgt unsere fotografierte Großstadtgeschichte dem Geschehen hier auch in die Innenräume. So werden zum Beispiel mit dem Johannishof und der Wartburg zwei zentrale Veranstaltungsorte Saarbrückens gezeigt, deren Geschichte bis in die 1920er Jahre zurückreicht und die bis zu den großen Hallenneubauten der 1960er Jahre die Foren für politische Kundgebungen, für große Unterhaltungsabende, für Kino- und Rundfunkveranstaltungen blieben. Auf der anderen Seite stehen die Neuerrungenschaften der Nachkriegsdekaden: die Universität mit der Landessportschule, Freizeit- und Sportanlagen wie das Totobad und der Ludwigspark, schließlich die architektonisch bemerkenswerten Neubauten von St. Albert auf dem Rodenhof und Maria Königin auf dem Rotenbühl, beide sichtbare Zeichen dafür, dass auch die Kirche in der Großstadt nach der Stunde Null eine starke Renaissance erlebte. Erst am Ende der in diesem Buch dargestellten Zeit hatte die naturnahe Erholung in Saarbrücken einen neuen Ort gefunden. War sie vormals auf die grünen Lungen beiderseits der Saar, teilweise in unmittelbarer Nachbarschaft von Industrie und Verkehr konzentriert, so erhielt sie nun am Stadtrand ein neues, ausgedehntes und attraktives Gelände. Dabei zeigte nicht nur die Ortsverlagerung, sondern auch die Namensgebung den Wandel der Zeiten an. Die Saaranlagen blieben nach dem Zweiten Weltkrieg nach der preußischen Königin Luise, dem Reichskanzler Bismarck oder den Ulanen benannt, verwiesen also weit in ihre kaiserliche Entstehungszeit zurück. Dagegen war der Deutsch-Französische Garten, in den die Menschen bereits am Eröffnungstag in Scharen strömten, eine Mischung aus Rückblick und Zukunftsprogramm. Auf ehedem kriege-

Seite 152

Seite 153

Die Großstadt wird hundert. Eine Halbzeitbilanz in Bildern

rischem Terrain im Deutschmühlental entstanden, setzte er ein unübersehbares Zeichen der Versöhnung zwischen den alten „Erbfeinden" und sollte gleichzeitig die neue Brückenfunktion der Großstadt an der Grenze unterstreichen. Dass diese Vermittlerrolle zwischen den europäischen Nachbarn auch die unmittelbare Vergangenheit reflektierte, ist in der Saarbrücker Erinnerung kaum mehr präsent. Denn ein europäisierter Saarstaat mit einer europäischen Montanhauptstadt Saarbrücken war nur eine visionäre Episode in der deutsch-französischen Geschichte. Immerhin, die Utopien blieben erhalten, und zwar genauso, wie es sich für Utopien buchstäblich gehört: in Form von Bildern der Modelle, die niemals Realität wurden, eine gewissermaßen doppelte Fiktion, die wir hier auf vier Seiten festgehalten haben.

Fiktiv sind in gewisser Hinsicht auch die Aufnahmen zu nennen, die zum Abschluss des ersten Teiles zusammengestellt wurden. Denn die Romantik der Stadt, in deren Namen wir sie hier vereint haben, ist natürlich vor allem eine Frage der Imagination des Betrachters, wobei die Vorstellungen des Fotografen Barbian durchaus nicht identisch mit unseren heutigen Anschauungen sein müssen. Barbian nämlich mag die Hohlgasse in Malstatt, die Saarbrücker Altneugasse, die Pferde- und Ochsenfuhrwerke auf den Straßen oder die Gespräche zwischen Passanten und Ordnungshütern zwar in dem Bewusstsein abgelichtet haben, damit rar gewordene Zeugnisse des alten Saarbrücken festzuhalten. Aber es war eben doch noch seine gegenwärtige Stadt, die er dokumentierte, während sich solche Anblicke für uns Rückschauende gern in reine Idyllen einer verschwundenen Welt verwandeln. Auf anderen Bildern ist dagegen unübersehbar, dass schon Barbian mit romantischem Filter fotografiert hat. Die prächtige Villa Bruch oder die Reste der alten Malstatter Brücke, mitten in der Stadt von der Natur überholt, scheinen ebenso in einen Dornröschenschlaf

Seite 174
Seite 177

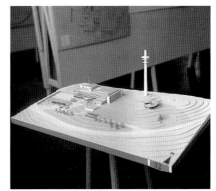

Seite 185
Seite 179

Seite 180
Seite 190

Paul Burgard/Ludwig Linsmayer

Seite 181
Seite 191

gefallen wie der Ludwigsplatz, wo die Kirche in einem romantischen Ensemble aus Blumen, Bäumen und Ruinen zur harmonisch eingefügten Nebensache gerät. Und dass der nächtliche Kuss in einem abgelegenen Stadtwinkel die gefühlsstarken Seiten Saarbrückens zeigen soll, muss trotz der nur für die Kamera inszenierten Leidenschaft kaum betont werden.

5

Der zweite Teil des Bilderbuches beginnt im Grunde dort, wo der erste aufgehört hat, im öffentlichen Leben der Großstadt. Allerdings wird die Akzentverschiebung vom „Stein" zum „Fleisch" nun deutlich sichtbar, das erste Kapitel des zweiten Abschnitts wird so zur spiegelbildlichen Erweiterung und Ergänzung der beiden vorangegangenen. Die Bürger und die Besucher Saarbrückens rücken in den Vordergrund, die Stadt selbst wird zur Bühne, zur Kulisse, auf der und vor der sich das öffentliche Leben in seinen verschiedenen Facetten entfaltet. Große politische Ereignisse fanden in diesem Rahmen statt wie der Staatsbesuch von Bundespräsident Theodor Heuss im Januar 1957 oder das Staatsbegräbnis für Egon Reinert im April 1959, eine feierliche Zeremonie, bei der die Stadt und ihre Bürger in geradezu ritueller Form am letzten Weg des verunglückten Ministerpräsidenten beteiligt wurden. Andere Aufzüge, Kundgebungen, Demonstrationen oder Ereignisse gehörten eher zum alltäglichen, sich wiederholenden Geschehen der öffentlichen Großstadt: Demonstrationszüge von Gewerkschaften, eine Schulfeier im Hof der Oberrealschule (Otto-Hahn-Gymnasium), die Eröffnung eines – allerdings bedeutsamen – städtischen Bauwerks wie der Malstatter Brücke, die als damals größte Saarbrücke im August 1955 feierlich von vielen Bürgern

Seite 222
Seite 229

Seite 237
Seite 242

Die Großstadt wird hundert. Eine Halbzeitbilanz in Bildern

in Besitz genommen wurde. Fast wie verstaubte Zeugnisse einer längst vergangenen Ära wirken hingegen die Bilder von der Grundsteinlegung für ein Denkmal durch Kriegsveteranen, von einer Veranstaltung des Verbandes der Heimkehrer oder von einem Umzug zum „Tag des Pferdes", über dem für die „Welt der Frau", geworben wurde, einer Herbstschau, aus der die noch heute existierende „Welt der Familie" hervorging. Noch exotischer muten zweifelsfrei die Aktionen der FDJ an, die tatsächlich einstmals als saarländische Formation existierte und bei einem überregionalen Treffen in Saarbrücken das Schloss als Ziel ihres städtischen Friedensmarsches anvisiert hatte.

Nicht exotisch, sondern geradezu phantastisch sind die Fotografien, die die Rückkehr des 1. FC Saarbrücken vom Endspiel um die deutsche Fußballmeisterschaft am 23. Juni 1952 zeigen. Und das in doppelter Hinsicht: Für manchen jüngeren saarländischen Sportsfreund mag schon die Botschaft phantastisch klingen, dass die Malstatter tatsächlich um ein Haar auf dem deutschen Fußballthron gelandet wären. Zwar kickte der FC auch damals in der Oberliga, doch das war im Jahr 1952 nicht die fünfte, sondern die höchste deutsche Spielklasse; allein dieser Klassenunterschied mag verdeutlichen, wie lange das alles her ist. Für uns ist aber nicht die sporthistorische, sondern die politische Botschaft dieser Jubelbilder bemerkenswert, Jubelbilder, wie sie Saarbrücken seither nicht wieder erlebt hat. Wenn ganz Saarbrücken, und mit der Stadt das halbe Saarland, an diesem Tag in einem Freudentaumel versank, dann war das natürlich nicht (nur) das Resultat einer ins Grenzenlose gewachsenen Fußballbegeisterung; die Anwesenheit zahlloser (junger) Frauen, die damals im Stadion noch sehr viel weniger präsent waren als heute, illustriert das recht deutlich. Es ging an diesem Frühsommertag, das dokumentiert die schier unüberschaubare Menschenmenge,

Seite 240
Seite 235

Seite 239

Seite 238

Paul Burgard/Ludwig Linsmayer

das zeigen die „Fans" in ihren Gesichtern, mit ihrer Mimik und Gestik, um wesentlich mehr. Als die Saarbrücker Fußballer an diesem Tag vom Rhein heimkehrten, da hatten sie zwei Jahre vor dem deutschen „Wunder von Bern" (fast) das saarländische Wunder von Ludwigshafen vollbracht. Deswegen war am 23. Juni 1952 in alle Gesichter ein „Wir-sind-wieder-wer"-Gefühl geschrieben, eine Emotion, die in Saarbrücken sieben Jahre nach Kriegsende gleich mehrere Stoßrichtungen hatte. Die Vizemeisterschaft brachte dem ganzen Land eine große Erleichterung, weil nach dem kollektiven Trauma des Untergangs von 1945 und nach einer Zeit der anerzogenen Demut dieser „Sieg" zeigte, dass es noch etwas gab, auf das man vorbehaltlos stolz sein konnte. Es war dies vermutlich für die meisten Beteiligten außerdem ein unüberhörbares Signal der Zugehörigkeit zu Deutschland, das man zwar sportlich, aber nicht staatsrechtlich seine Heimat nennen durfte. Und es war für viele, eng damit zusammenhängend, auch eine Demonstration gegen die eigene Staatsführung, die sowohl die Verbindung zu Deutschland als auch die Verbindung zur (nationalsozialistischen) Vergangenheit, wo immer es ging, zu kappen suchte. Prädestiniert für einen solchen Protest war die Jugend, und am besten konterkarierte man die polit-pädagogische Leidenschaft des Saarstaats mit dessen eigenen Alpträumen. Das ist der Grund, warum wir auf den Fußball-Jubelbildern junge Menschen mit mehr oder weniger verballhorntem „Deutschen Gruß" auch und gerade in der Nähe von saarländischen Ordnungshütern sehen. Es sind nicht unverbesserliche Jungnazis, die hier verewigt wurden, sondern Saarbrücker, die – das zeigen ihre grenzenlose Ausgelassenheit und ihre bisweilen spöttischen Gesten – mit der Ordnungsmacht ihren Popanz trieben. Ob das der überzeugte Europäer und Saarstaat-Befürworter Barbian genauso sah oder ob er in den ausgestreckten Armen einen Beweis für die Unverbesserlichkeit der „nationalistischen" Saarländer festhalten wollte, mag dahingestellt bleiben. Seine FC- und seine Saarstaats-Treue sprechen dafür, dass in solchen Momenten eher zwei Seelen in einer Brust miteinander kämpften. Doch völlig unabhängig davon zeigen diese Fotografien, wie viel nicht schriftlich überlieferte Großstadtgeschichte man mit Bildern erzählen kann, mit Bildern, die tatsächlich mehr sagen als tausend Worte.

Seite 250

Die Entwicklung der Großstadt nach dem Krieg hing eng mit Verkehrsfragen zusammen. Das belegt auch die Tatsache, dass ein Großteil der städtebaulichen Projekte der 1950er und -60er Jahre direkt oder indirekt den Straßenbau und die Infrastruktur des öffentlichen Verkehrs betrafen. Mehr noch, der explosionsartig wachsende (Individual-)Verkehr dieser Zeit war geradezu eine Huldigung an den Geist der Großstadt, die mit Dynamik und grenzenloser Mobilität der Zweiten Moderne entgegensteuerte. Für wie bedeutsam wir diese Wahlverwandtschaft halten, das kam bei der ausführlichen Diskussion über unser Titelbild bereits zum Ausdruck. In der „Ordnung des Verkehrs" haben wir nun jedoch mit wenigen Ausnahmen nicht die Bilder von den neuen Asphaltpisten (die freilich zum größten Teil erst etwas später entstanden) und von verstopften Großstadtstraßen gebracht, was durchaus nahe gelegen hätte, stand doch Saarbrücken in

Die Großstadt wird hundert. Eine Halbzeitbilanz in Bildern

punkto Verkehrsdichte 1957 auf dem bundesdeutschen Spitzenplatz. Wohl aber wird eine Schattenseite dieser stürmischen Entwicklung präsentiert: das Problem der zunehmenden Unfälle und Unfalltoten. Das war alarmierend und hatte deshalb unterschiedliche prophylaktische Maßnahmen zur Folge. Die Verkehrserziehung erlebte ihre erste Hochzeit, und die Schülerlotsen gehörten bald zum täglichen Straßenbild; als kleine Freunde und Helfer der Polizei wurden sie – wie wir auf zwei von Barbians Bildern sehen – sinnigerweise von einem Unternehmen unterstützt, das den Brennstoff für den Betrieb der Unfallverursacher lieferte. Trotz aller Aufklärung und Vorsichtsmaßnahmen krachte es an allen Ecken und Enden Saarbrückens, so dass die Straßenverkehrsbehörden an besonders kritischen Stellen auch mal mit drastischen Botschaften an die Adresse der Autofahrer aufwarteten.

Die Welt der Arbeit – das alltäglichste und wohl wichtigste Kapitel jeder Großstadt. Ungewöhnlich bei unserer Auswahl von Barbians Bildern ist fraglos, dass der Industriearbeiter hier einmal nicht im Mittelpunkt des Interesses steht. Obwohl das natürlich nicht die ökonomische Realität der 1950er und -60er Jahre trifft, in der vor allem die Metaller, von der Burbacher Hütte bis zu den großen weiterverarbeitenden Unternehmen, am kräftigsten für das kommunale Bruttosozialprodukt „schufteten". Während bei einer „objektiven" Darstellung also die Industriearbeiter vorrangig ins Bild gesetzt worden wären, nehmen hier die rund um den (Straßen)Bau arbeitenden Menschen diesen Platz ein: Maurer und Dachdecker, Zimmermann und Schienenleger, Transport- und Kanalarbeiter. Für die Saarbrücker Wiederauf- und Neubaugeschichte ist eine solche Perspektivierung durchaus vertretbar, zumal damit auch ungewöhnliche Arbeitsverhältnisse mit ins Bild gerückt werden. Dabei ist die Frau, die den

Seite 252

Seite 272

Seite 273

Seite 291

Seite 282

Paul Burgard/Ludwig Linsmayer

Seite 286
Seite 289

Seite 284
Seite 285

Umgang mit der Maurerkelle zum Beruf gemacht hat, noch heute eine Rarität, während der (italienische) Gastarbeiter zum unverzichtbaren Akteur des Wiederaufbaus und später geradezu zum Synonym für den Bauboom der Nachkriegsdekaden wurde. Jenseits des Baugewerbes haben unsere Berufsbilder eine relativ große Bandbreite, Barbian zeigt viele Arbeitsfelder, die in den sonst üblichen Präsentationen jener Zeit nicht unbedingt zu finden sind. Manche von ihnen verweisen auf die spezifische Situation der Nachkriegs- und Wirtschaftswunderzeit: der Optiker mit den Glasaugen und der Bombenentschärfer oder auf der anderen Seite der Monteur im boomenden Fahrzeuggewerbe. Exotisch kommen solche Aufnahmen daher, die entweder – wie bei der Darstellung des Auto- oder Hundewaschsalons – bereits die Zukunft in Form der Dienstleistungsgesellschaft im Visier zu haben scheinen, oder aber wie Überbleibsel einer Vergangenheit wirken, in der Nachtwächter und Hufschmied noch völlig normale Jobs waren. Scheinbar zeitlos ist dagegen der Beruf des Metzgers, dessen Handwerk hier mit einer kleinen Reportage aus dem Saarbrücker Schlachthof dokumentiert ist. Die Bilder sind keine leichte Kost, nicht für den Tierliebhaber und erst recht nicht für den heutigen Lyoner-Freund, der angesichts der Ästhetisierung der Lebensmittelindustrie in der beruhigenden Vorstellung essen darf, dass seine Fleischwaren hinter Wursttheken oder in Supermarktregalen wachsen. Nicht der Beruf selbst ist also in diesem Falle historisch bemerkenswert, sondern im wahrsten Sinne das Berufsbild. Denn dass und wie Barbian seine Reportage live aus dem Schlachthof bringen konnte, verdeutlicht den großen kulturhistorischen Unterschied zwischen den 1950er und den 2000er Jahren. Weil damals sogar noch fast jedes Stadtkind wusste, dass dem Sonntagsbraten ein schneller Kuhtod vorausgegangen war,

Die Großstadt wird hundert. Eine Halbzeitbilanz in Bildern

konnte man zeigen, was die blutige Realität ist, und man durfte dabei entdecken, dass der Blick in die Gesichter von Metzgermeister und Schlachterlehrling viel spannender sein konnte als der auf die Innereien des Schlachtviehs.

Die drei letzten Kapitel des Buches zeigen gewissermaßen das Kontrastprogramm zur Welt der Arbeit. Allerdings wäre es sehr verkürzt, die Bilder zur Saarbrücker Unterhaltungsszene, zum vielfältigen Sportgeschehen und zum städtischen Konsum allein auf dem großen Feld der Freizeit zu verorten. Denn im Grunde wurden auch hier viele Menschen bei der Arbeit fotografiert, wenn auch ihr Job im Wesentlichen darin bestand, Abwechslung in den Alltag der SaarbrückerInnen zu bringen und ihnen die angenehmen Seiten des Lebens zu zeigen. Gerade die Unterhaltungsbranche erlebte in den Nachkriegsjahrzehnten einen kräftigen Professionalisierungsschub, der sie zur mächtigen Medienindustrie wachsen ließ. Die Spuren dieser Entwicklung waren selbstverständlich auch in Saarbrücken zu finden, wo der erste private Fernsehsender 1953/54 mit seinem Programm startete, das freilich oft noch sehr provisorische Züge trug. Für Radio Saarbrücken markierte der in unserer Großstadtgeschichte beleuchtete Zeitraum hingegen die Phase, in der man sich vom Besatzungssender zum respektablen öffentlich-rechtlichen Saarländischen Rundfunk mauserte, wobei das moderne „europäische" Profil am Holztisch der Sprecherkabine von 1952 noch kaum zu erkennen ist. Bereits vor dem Zweiten Weltkrieg war die Kinoszene fest etabliert und hatte gerade in Saarbrücken eine überaus starke Tradition. Dazu gehörte nicht nur ein sehr kinofreudiges Publikum, sondern auch die Tatsache, dass manche Leinwandstars der Saar hin und wieder ihre Aufwartung machten. Während man die schöne Silvana Mangano im Passagekino nur auf Zelluloid bestaunen konnte, kam Anfang November 1952 die kleine Toxi, der farbige Kinderstar, der als bayerisches Waisenkind Elfi hieß, leibhaftig ins „Scala", eine Visite, die zu einem Ansturm von großen und kleinen Fans führte. Und es kamen, natürlich auch schon damals vornehmlich, um ihre Filme zu promoten, die Großen des deutschen Nachkriegskinos. Unter anderem hat Barbian einen Besuch von Ruth Leuwerik begleitet, die in zahlreichen Produktionen der 1950er Jahre die weibliche Traumpartnerin von O.W. Fischer oder Dieter Borsche mimte. Privat fand die Schauspielerin ihren Traumpartner – in Saarbrücken. Eine denkwürdige Verbindung also zwischen der Großstadt und der großen Mimin, die ihren saarländischen Prinzen allerdings erst in den 1970er Jahren heiratete und dann in die bayerische Hauptstadt entführte. Von solchem Ruhm und Glanz waren andere Künstler, die Saarbrücken in den Nachkriegsdekaden unterhielten, weit entfernt. Viele von ihnen waren eher im Varieté oder in der Zirkusluft zu Hause; Artisten und Entertainer, die auf vielen kleineren Bühnen der Stadt zwischen dem „Oberbayern" und dem „Cafe Sartorio" gastierten. Ein Blick in die Kelleratmosphäre der Umkleidekabine genügt, um zu erkennen, wie groß der (soziale) Unterschied zwischen diesen UnterhaltungskünstlerInnen und den Leinwandstars war. Dass die große Schar von umherziehenden Entertainern dennoch geradezu atemberaubende Unterhaltung bieten konnte, bewei-

Seite 308

Seite 319

Seite 330

Paul Burgard/Ludwig Linsmayer

Seite 303

Seite 354

Seite 349

Seite 357

Seite 342

sen die Bilder von den Hochseilartisten, die bereits in den frühen Nachkriegsjahren ihre waghalsigen Kunststücke über der Stadt vollführten. Walter Barbian ist den Artisten in luftigste Höhen gefolgt, um ihnen bei ihrer Arbeit ins Gesicht schauen zu können – soweit das nicht zur Erhöhung des Nervenkitzels verschleiert war. Erst von hier oben, vom Rathausturm oder dem Hochpodest über dem Gerberplatz, erschließt sich die ganze Dimension der Freiluftshow. Hochkonzentriert, für den Fotografen aber auch mal mit einem entspannten Lächeln, gehen die Seiltänzer ihrer lebensgefährlichen Arbeit nach. Derweil können die SaarbrückerInnen tief unten nur darüber staunen, wie man mit solch spielerischer Leichtigkeit dem Tod die Stirn bieten kann, einem Tod, der in der unübersehbaren Ruinenlandschaft der Stadt noch allgegenwärtig scheint.

Sportler waren in der Nachkriegsära zumindest offiziell noch keine Profis, und doch könnte man meinen, dass ihre saarländischen Vertreter gerade in dieser Zeit ihrer „Arbeit" besonders professionell nachgegangen sind. Denn in unserem Kapitel der Großstadtgeschichte häufen sich die sportlichen Erfolgsmeldungen wie kaum zuvor oder danach in der saarländischen Geschichte, und schon deshalb hätte das Sportkapitel auch ein ganzes Buch füllen können. Außerdem gab es eine ganze Menge sportlicher Großveranstaltungen, die in der Landeshauptstadt ausgetragen wurden. Die Tour de France, Leichtathletik-Länderkämpfe, Qualifikationsspiele zur Fußballweltmeisterschaft, nationale und internationale Ringwettkämpfe oder Fecht- und Billardmeisterschaften: die ganze Bandbreite internationalen Spitzensports wurde auf diese Weise an der Saar präsentiert. Wenn man die Ränge des Ludwigsparkstadions betrachtet, die nicht nur 1954 beim Bruderkampf zwischen dem Saarland und dem späteren Weltmeister zum Bersten gefüllt waren, sondern vier Jahre später

Die Großstadt wird hundert. Eine Halbzeitbilanz in Bildern

sogar bei einem unbedeutenden Saison-Vorbereitungsspiel gegen Dortmund 40.000 Zuschauer aufnahmen, wenn man die Olympia-Vereidigung der saarländischen Sportler 1952 im Stadttheater sieht oder die Weitspringerin Helga Hoffmann, als Miss Sechsmeter und mehrfache Sportlerin des Jahres in die bundesdeutschen Annalen eingegangen, in ihren jungen Jahren auf dem Kieselhumes erblickt: dann spätestens weiß man, dass die Großstadt Saarbücken damals auch eine große Sportstadt war. Über den Zuwachs an Selbstwertgefühl, den diese Erfolgsgeschichte an der Saar zeitigte, war am Beispiel der Vizemeisterschaft des FC Saarbrücken bereits die Rede. Auch am zeitlichen Ende dieses Kapitels stehen die Kicker aus Malstatt, freilich mit einer weniger erfolgreichen Story, die damit auch das Ende der Goldenen Ära des Saar-Sports symbolisiert. Im ersten Bundesligaspiel auf saarländischem Boden unterlagen die Blau-Schwarzen dem großen FC aus Köln im August 1963 mit 0:2, ebenso sang- und klanglos stiegen sie am Ende der Saison aus der neuen Eliteliga ab, in der sie bis heute nicht wieder festen Fuß fassen sollten.

Seite 361

Unsere Saarbrücker Großstadtgeschichte klingt mit einigen Aufnahmen aus der Konsumwelt aus. Nicht immer zeitlich, wohl aber mental drückt nichts so sehr das Ende einer vom Provisorischen, vom Vorläufigen und Übergangshaften gekennzeichneten Nachkriegsära aus wie die Waren- und Angebotsvielfalt, die die Menschen als Früchte des Wirtschaftswunders ernten durften. Gefüllte Marktstände und Kaufhäuser, modische Schaufensterauslagen oder unüberschaubare Angebote für gutes Essen und Trinken: der Überfluss hatte die noch wenige Jahre zuvor erlebten Entbehrungen vergessen gemacht. Mann und Frau durften wieder bei Tag und Nacht das Leben genießen, in Gaststätten, in der Faschingszeit oder im Kirmestreiben. Auf der Saarmesse war die Opulenz der Konsumgüter ein wichtiges Kriterium bei der Gestaltung der Ausstellungsstände, und als Ludwig Erhard, der auch körperlich sichtbar ein guter Vater des Wirtschaftswunders war, 1957 durch die Bahnhofsstraße schlenderte, durfte er bei seinen Preisvergleichen nicht nur textile Massenware, sondern auch etliche edle Tropfen taxieren.

Seite 364

Seite 377

Der Konjunkturmotor brummte, Häuser und Straßen waren aufgebaut, die städtebaulichen Weichen für die Zukunft gestellt. Als Ludwig Erhard 1965 erneut die Landeshauptstadt besuchte, tat er dies bereits als Bundeskanzler. So wie für den neuen deutschen Regierungschef, so hatte auch für die saarländische Großstadt inzwischen ein neues Kapitel der Geschichte begonnen.

6

Wir wissen nicht, ob die großstädtische Jubilarin – so sie es denn könnte – dieses Album ihres Lebens glücklich lächelnd, zufrieden oder eher mit Verstimmung schließen würde. Wenn Letzteres der Fall wäre, könnte man am wenigsten den Fotografen Barbian dafür verantwortlich machen, der offensichtlich alles tat, um die Stadt ins rechte, bisweilen auch ins recht vorteilhafte

Paul Burgard/Ludwig Linsmayer

Seite 194
Seite 195

Seite 73

Licht zu rücken. Dennoch könnte die alte Dame natürlich monieren, dass wir vieles, auch viel Wichtiges, nicht gezeigt haben, ja dass die ein oder andere Inszenierung ihr vielleicht sogar wesensfremd erscheine. Das freilich liegt zum großen Teil in der Natur eines solchen Buches, das mit Bildern Geschichte erzählen will. Denn notgedrungen muss man dafür eine sehr begrenzte Auswahl treffen – in diesem Fall waren es knapp 400 von vielen tausend Barbian-Fotos –, muss man Schwerpunkte wählen und bestimmte Akzente setzen, um überhaupt einen Kontext der historischen Narration herstellen zu können. Im Grunde ist das eine Notwendigkeit jeder, nicht nur der visuellen Geschichtsschreibung, nur mag diese subjektive Intervention hier besonders irritieren, weil sie mit der vermeintlich unbestechlichen Objektivität einer Fotografie so offenkundig konfligiert.

Allerdings ist ja auch die Vorstellung vom objektiven Lichtbild, das die Vergangenheit gewissermaßen 1:1 in die Gegenwart transportiert, ein ebenso verständlicher wie hartnäckiger Irrtum, auf den man nicht oft genug hinweisen kann. Trotz aller technischer Raffinesse, mit der der Fotoapparat eine „naturalistische Reproduktion" eines bestimmten Ausschnittes vergangener Realität erzeugt (wobei er das eben auch immer nur visuell und zweidimensional tun kann), bleibt die Subjektivität des Fotografen die wichtigste, wenngleich meist unsichtbare Vorbedingung eines jeden Bildes. Der Fotograf wählt sein Motiv, er bestimmt den Realitätsausschnitt, nimmt einen bestimmten Standpunkt ein, legt die technischen Aufnahmedaten fest, inszeniert einen bestimmten Moment, indem er den „richtigen" Augenblick abwartet und die äußeren (Licht-, klimatischen oder sonstigen) Bedingungen bewusst instrumentalisiert. Kurzum: Er komponiert mit Hilfe der Lichtreflexionen der gegenständlichen Welt ein subjektives, bisweilen höchst individuelles Bild. Und das ist

Die Großstadt wird hundert. Eine Halbzeitbilanz in Bildern

gut so, denn nur dadurch entsteht jene spezielle Handschrift einer Fotografie, die das Werk des mal mehr, mal weniger talentierten Interpreten von der beliebigen, maschinellen und damit buchstäblich „objektiven" (aber eben auch sinnlosen) Reproduktion unterscheidet.

Es ist also alles andere als ein Defizit, wenn wir in diesem Buch „nur" Barbians Saarbrücken zeigen konnten – und nicht die Großstadt, wie sie zwischen 1947 und 1963 „war". Dass Barbian sein Handwerk verstand, dazu kann man getrost seine Fotografien selbst sprechen lassen, und mit welcher Technik und Einstellung er seiner Profession nachging, dazu hat sein Sohn am Ende dieses Bandes noch einiges zu sagen. Wenn wir also zum Schluss hier nicht einen eigenen „Barbian-Stil" erklären wollen, so wollen wir doch zumindest anmerken, dass wir beim Betrachten seiner Bilder immer mal wieder über Aufnahmen gestolpert sind, die uns bekannt vorkamen, obwohl wir weder das Foto noch das fotografierte Stück Saarbrücken zuvor so gesehen hatten. Und dann wurde uns irgendwann klar, dass wir hier nicht nur Saarbrücker Großstadtgeschichte, sondern auch ein Stück Fotografiegeschichte vor uns haben. Eine Mediengeschichte, in der sich ikonographische Traditionen ausfindig machen lassen, die vom 19. Jahrhundert bis in die Gegenwart reichen. Wenn etwa Barbian die stillen Winkel mit morbiden Häusern in St. Arnual oder Alt-Saarbrücken so in den Fokus nahm, wie Eugène Atget das untergehende alte Paris dokumentierte. Oder wenn er die Männer auf der Schanzenbergbrücke über den Dächern Saarbrückens in einer Weise porträtierte, die an Lewis Hines Bauarbeiter in den entstehenden Wolkenkratzern von New York erinnert. Ob Barbian Robert Doisneaus legendären „Kuss" schon kannte, als er seine Liebesszene in freilich zurückhaltenderer und zudem halb verdunkelter Version aufnahm, sei einmal dahingestellt. Unmöglich war es ihm jedenfalls, Florian Böhms Reportage über Fußgänger in New York zu kennen, ein Projekt, mit dem der Münchener Fotograf im vorletzten Jahr in der Kunstwelt für Furore sorgte. Obwohl Saarbrücken nicht Manhattan ist und auch die Menschen anno 1950 noch anders aussahen als heute, könnte man doch meinen, Barbian habe mit seiner an der Ampel wartenden Fußgängergruppe einen schwarz-weißen Vorläufer von „Wait for Walk" geschossen. Der Faszination des im Grunde schlichten Bildes kann man sich jedenfalls nur schwer entziehen.

In gewisser Hinsicht können wir mit diesem Buch also nicht nur Barbians Saarbrücken präsentieren. Es ist auch ein bisschen die Sicht von Atget und Doisneau, von Hine, von Böhm und vermutlich noch von einigen anderen. Eine Ahnengalerie, die sich sehen lassen kann und die, wie wir finden, eines hundertjährigen Geburtstages würdig ist.

Seite 183

Seite 93

Stadt aus Stein

Bahnhof und Ankunft

→
Der Hauptbahnhof zur morgendlichen Rushhour, 1954

← Personenzug mit Dampflokomotive vor der Abfahrt vom Saarbrücker Hauptbahnhof, Anfang der 1950er Jahre

↑ Staatsempfang am Hauptbahnhof: Der französische Arbeitsminister Daniel Mayer kommt am 25. 2. 1949 nach Saarbrücken, um die saarländisch-französischen Sozialkonventionen zu unterzeichnen.

← + ↙↙
Bundeskanzler Konrad Adenauer wird am 1. Januar 1957, dem Tag der Eingliederung des Saarlandes in die Bundesrepublik, von Ministerpräsident Ney auf dem Saarbrücker Hauptbahnhof empfangen.
↙
Adenauer beim Durchschreiten der Bahnsteig-Kontrollhäuschen, die bei der Erneuerung des Hauptbahnhofes Ende der 1960er Jahre entfernt wurden
↓
Ehrenformation bei der Ankunft von Bundespräsident Theodor Heuss vor dem Hauptbahnhof, 26. 1. 1957

↑
Vom Hauptbahnhof mit dem Bus nach Paris, von dort mit dem Flugzeug nach Helsinki: Abfahrt der saarländischen Olympiamannschaft mit einem Bus von Peter Götten, 15. 7. 1952
→
Mitglieder der Herrenmannschaft der saarländischen Olympiaauswahl vor der Abfahrt nach Helsinki, 15. 7. 1952

43

↑
Herausgeputzt zum Großstadtjubiläum: Begrünung des Bahnhofsvorplatzes, 31. 3. 1959
← ←
Behelfsbrücke vom Bahnhofsvorplatz zur Reichsstraße (damals: Bahnhofstraße), Bildmitte Hotel Terminus, 1949
←
Im Fahrkartenverkaufsraum des Saarbrücker Hauptbahnhofs, um 1955

↑
Ankunft von Ferienkindern aus Ost-Berlin, um 1955
→
Massenandrang auf dem Bahnhofsvorplatz bei der Rückkehr saarländischer Kriegsgefangener aus Russland, 1953

Saar und Brücken

Saarpartie zwischen französischer Botschaft (l.), Burbacher Hütte (Hintergrund) und Hafeninsel (r.), um 1955

← Wiederaufbau der Eisenbahnbrücke am Schanzenberg, 15. 10. 1948
↑ Arbeiten an der Justierung und Fixierung des Gerüsts
→ Brückenbaumeister Franz Immig

↑
In der Malstatter Schleuse (im Hintergrund links der Kohlenhafen), etwa 1952/53
→
Fährverkehr als Brückenersatz zwischen St. Johann und Alt-Saarbrücken, Ende der 1940er Jahre

↑
Kurt Halgasch im Taucheranzug, 1948
↗ + ↗↗
Schaulustige beobachten den Tauchgang von der Alten Brücke aus.
→
Tauchgang zur Sichtung von Trümmerresten in der Saar, um 1948

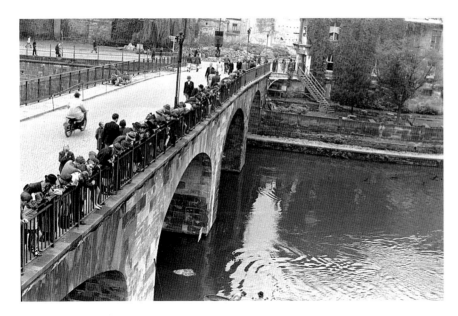

↑
Fußgängersteg über die Schanzenbergbrücke, 1949

↗
„Daarler" Brücke auf der St. Johanner Uferseite, 1957

→
Saaraufwärts Richtung Gersweiler: das Hohe Kommissariat (später: Kultusministerium) im Bau, 1953

↑
Treideln mit dem Traktor: Saarkahn am Staden, 1950/51
→
Unter dem Kummersteg, Blickrichtung St. Johann, 1949

↑
Aus einer Bildreportage über Saarschiffer, 1948
←
Das Jahrhunderthochwasser vom Dezember 1947: Blick über das Gelände des Kohlenhafens

↑
Trauerzug für den tödlich verunglückten Ministerpräsidenten Egon Reinert. Blick von der Schlossmauer, 23. 4. 1959
→
Saarländische Kohlenlieferung für die Opfer der Hamburger Sturmflut, 1. 6. 1962, Hafeninsel

↑
Saarschiff-Schleppkahn „Schwalbe", 12. 12. 1954
←
Große und kleine Saarschiffer, Flussufer St. Arnual, 1950

↑
An der Uferböschung unter der neu errichteten Berliner Promenade, um 1960
←
Blick durch den Kummersteg zur Berliner Promenade, um 1960

↑
*Blick von der Luisenbrücke Richtung Finanzamt (l.), altes Landgericht (r.),
Kummersteg und Wilhelm-Heinrich-Brücke im Bau (m.), um 1960*
←
Malstatter Schleuse, Blickrichtung Hafeninsel, Mitte der 1950er Jahre

←
Saarpartie gegenüber dem alten Landgericht (l.), dahinter hervorschauend der Neubau der Kreissparkasse, um 1960
→
Blick vom Staden über die Bismarckbrücke Richtung Stadtzentrum, 1950

Über den Dächern der Hauptstadt

→

Schanzenbergbrücke im Wiederaufbau, 1948

↑
Kriegszerstörtes Malstatt: Blick von der Saarbrücker Straße (heute Brückenstraße) Richtung St. Joseph, 1947
→
Sozialer Wohnungsbau in Alt-Saarbrücken zwischen Hohenzollern-, Heuduck- und Malstatter Straße, um 1954; im Vordergrund Arbeiten zum Wiederaufbau des alten Proviantamtes der Saarbrücker Garnison in der Malstatter Straße

↑
Blick von der Schlossmauer über Alt-Saarbrücken zur Friedens-, Ludwigs- und Jakobskirche, 1952/53 (Bildmitte: Eckhaus Am Schlossberg/Altneugasse)
→
Werkkunstschule (heute Hochschule für Bildende Künste, früher Dragonerkaserne / Waisenhaus), dahinter Ludwigsgymnasium, im Hintergrund Burbacher Hütte, 1953

↑
Barocke Sichtachse von der Ludwigskirche zur St. Johanner Kirche (h.r.); links Neumarkt (mit Amtsgericht und Rediskontbank), Bildmitte Finanzamt, um 1954
←
Der älteste Teil Alt-Saarbrückens zwischen Schloss und Wilhelm-Heinrich-Straße; im Hintergrund Stadttheater (l.), Schlosskirche (m.), Turm des wieder aufgebauten Alten Rathauses (r.), Anfang der 1950er Jahre

↑
Häuser in der Feldmannstraße im Tal, auf dem Plateau des Reppersberges das Bürgerhospital, 1949
→
Zwischen Schenkelberg und Halberg: St. Arnual mit dem halbrunden Beamtenhochhaus und Reihenhäuser des sozialen Wohnungsbaus im Vordergrund, dahinter Saar und Industriegebiet Ost, um 1955

↑
Blick vom Bahnhofsvorplatz Richtung Malstatt, Rastpfuhl. Im Hintergrund die Burbacher Hütte, davor der Turm der ev. Kirche Malstatt, in der Bildmitte St. Josef, davor der Gloria-Palast im Bau zwischen Kriegsruinen, um 1949
←
Bahnhofsvorplatz nach 1957. Bildmitte Gaststätte „Holzkopp" (Neufang-Bier), dahinter die Bergwerksdirektion. Im Hintergrund von links nach rechts: Jakobskirche, Kultusministerium, Haus der Gesundheit (ganz rechts)

↑
Blick vom Hotel Excelsior über die Bahnhofstraße, 1958
→
Verkehr in der Trierer Straße Richtung Bahnhofstraße, links die Hinterseite der Hauptpost, 1958/59

↑
Der Universitätscampus vom Schwarzenberg aus gesehen: Links die Rechts- und Wirtschaftswissenschaften, in der Mitte die Philosophische Fakultät, daneben rechts die Neubauten für Geisteswissenschaften, Chemie und Physik, um 1966

→
Die Landesbank und Girozentrale am Hauptbahnhof. Im Vordergrund der Bormannspfad, links von dem Bankgebäude die Beethovenstraße, rechts die Kaiserstraße, um 1960

↑
Bahnunterführung am Ludwigskreisel, Blickrichtung Rastpfuhl, 1952
←
Malstatter Brücke kurz vor ihrer Eröffnung im August 1955, Blick auf Malstatt

↑
Der alte Neumarkt mit Amtsgericht und Rediskontbank (m.) sowie Kummersteg (m.r.)
→
Freigabe der zweiten Fahrbahn auf der Wilhelm-Heinrich-Brücke, November 1961

Straßenschluchten, Häuserfronten

→
*Fußgänger an der Ecke Bahnhofstraße/Viktoriastraße
(heute Eckbebauung Galeria Kaufhof), um 1957*

↑
Bahnhofstraße, Blickrichtung Bergwerksdirektion, 1949. Rechts im Vordergrund Baustelle Textilhaus Walter (Möller & Schar, später River bzw. Thalia)
→
Festzug aus Anlass der „Woche des europäischen Bergmanns" in der Mainzer Straße, August 1952

Vorhergehende Doppelseite:
↖↖ + →
Malstatt, Ecke Breite-/St. Josefstraße, 1954/55
↖
Alleestraße (vor- und nachmals: Hindenburgstraße, heute Franz-Josef-Röder-Straße) zwischen Schloss und Landgericht, links der Landtag, 1954
←
Saarufer am Schloss, Schlossmauer mit altem Oberamthaus und Pavillon Elitzer in der Alleestraße

Diese Doppelseite:
←
Ecke Bahnhof-/Reichsstraße, Verkehrsinsel mit Haltestelle vor der Bergwerksdirektion, um 1959

←
Abrissarbeiten an den letzten alten Wohnhäusern am Neumarkt, 1961
→
Bahnhofstraße, Passage-Kino, 1956/57

←
Baustelle Walter-/River-/Thaliahaus, Rückseite zu Sulzbach- und Rotenhofstraße, 1949
↑
*Neubau Saaruferstraße (spätere A 620), um 1960.
Bildmitte Hintergrund: Kultusministerium*

↑
Entsorgung ohne „Abwrackprämie": Malstatt 1957
→
Eingesunkener Baulastwagen, um 1950

↑
Altes Amtsgericht, Neumarkt/Gerichtsstraße, Ende 1950er Jahre
→
Hotel Messmer, Ecke Kaiser-/Viktoriastraße (heute C&A), ca. 1953

← + ↑
Notunterkünfte in Wohnwagen, Malstatt unterhalb der evangelischen Kirche, 1957

↑
Eine Polizeieskorte holt Bundespräsident Theodor Heuss am Hotel Excelsior in der Bahnhofstraße ab, Januar 1957.
→
Weihnachtsbeleuchtete Reichsstraße (bis 1956: Bahnhofstraße), Blickrichtung Bahnhofstraße/Hotel Excelsior, etwa 1952

←
Zentrale der Textilfirma A. Becker (später: R.+A. Becker) an der Ecke Kaiser-/Sulzbachstraße, vor 1955
↓
Mehrfamilienhäuser für Eisenbahnbedienstete im Neubaugebiet Bayernstraße, nach 1961

↑
Saarbrücker Stadtlauf, hier mit Läuferinnen von Saar 05 am Ausgang des St. Johanner Marktes, 1949
←
Lessingstraße, Bildmitte Kreuzung Mainzer Straße, Blickrichtung Saar/St. Arnual, um 1960

↑
Bayernstraße im Neubaugebiet Bruchwiese, um 1961
→
Kreuzung Bahnhof-/Dudweilerstraße. Rechts „Cafe Sartorio", Standort des heutigen „Karstadt", um 1953

Platz für alle

Bildhauerarbeiten an einer Flammenvase auf der Attika der Ludwigskirche, um 1952

←
Skulptur des Apostels Paulus auf der Attika der Ludwigskirche, dahinter die Außenmauern des zerstörten Palais Freital, um 1953/54
↑
Überreste des Palais Doeben (r.), daneben (l.) das Pendant zum Palais Freital; weiter links ist vom ehemaligen Schul- und Gemeindehaus der reformierten Gemeinde nur die Außenmauer stehen geblieben, 1954.
→
Ruine des Palais Doeben, rechts daneben das ehemalige Haus der ev.-luth. Gemeinde, 1952

Vorhergehende Doppelseite:
←
Wiederaufbau des Palais Freital, links die Ludwigskirche, im Hintergrund die Werkkunstschule, Februar/März 1955
→
Steinquaderbearbeitung für die Baumaßnahmen am Ludwigsplatz. In der Bildmitte das rekonstruierte Palais Lüder (heute Staatskanzlei), Anfang 1955

Diese Doppelseite:
←
Dachisolierung am rekonstruierten Palais Lüder, März 1955

↑
Blick aus dem großen Saal des Ministerpräsidiums auf das Atrium der Staatskanzlei und die Ludwigskirche, um 1958
←
Die Staatskanzlei mit Palais Lüder (v.) und Palais Freital (m.) sowie dem dazwischen errichteten Pavillon-Mittelbau, um 1958

↑
Saarbrücker Schloss mit Cours d'honneur/Vorplatz. Ganz links Reste der ehemaligen Stengelschen Orangerie, um 1950
←
Südflügel des Saarbrücker Schlosses mit dem 1908 barockisierten Anbau aus dem 19. Jahrhundert, um 1950

Vorhergehende Doppelseite:
Schlossplatz mit Altem Rathaus im Wiederaufbau (l.). Bildmitte Kreisständehaus, daneben rechts die Reste der Orangerie (Platz des heutigen VHS-Zentrums), 1951

Diese Doppelseite:
↑
Von den Amerikanern gestifteter Bücherbus vor dem Schloss, 1956/58
→
Zwischen dem Südflügel des Schlosses und der Talstraßenbebauung, 1954

←
Fußgänger am noch bebauten Brückenkopf der Alten Brücke, Blickrichtung Schlossberg und -kirche, um 1950
→
Ganzer Turm, halbes Schiff: die evangelische Kirche St. Johann, 1948

←
*St. Johanner Markt mit den Traditionsgaststätten „Stiefel",
„Hauck" und „Alter Brunnen", 1949*

Nachfolgende Doppelseite:
←
Straße „Am Stiefel", Blickrichtung St. Johanner Markt, 1950
→
*Der Stengelbrunnen am historisch „falschen" Standort auf
dem St. Johanner Markt, Weihnachten 1954*

↑
Hochwasser am St. Johanner Markt, 29. 12. 1947
←
Ecke Schillerstraße/Schiller Allee (heute: Bleichstraße/Am Stadtgraben), Anfang 1950er Jahre

↑
Beethovenplatz mit Pavillon-Bebauung, nach 1957
→
Straßenbahn am Ludwigskreisel. Im Hintergrund oben die städtische Mädchen-Mittelschule am Ludwigsberg, um 1957

Alte Orte, neue Orte, Utopien

Das renovierte Gebäude der Hauptpost hinter der Ruine eines alten Hauses, um 1949

↑
Stadttheater (seit 1971: Saarländisches Staatstheater), 1950/51
→
Das Orchester des Stadttheaters probt unter der Leitung von Generalmusikdirektor Philipp Wüst, um 1952.

↑
Cellist des Stadttheater-Orchesters, um 1951
←
Pausen-Stillleben mit Celli und Posaunen, 1952

↑
Saal und Bühne der Wartburg, nach 1957
←
Mainzerstraße mit Johannishof, dekoriert aus Anlass des 6. Landesparteitags der CVP, 1951

Vorhergehende Doppelseite:
←
Willy Brandt, Regierender Bürgermeister von Berlin, bei einer Veranstaltung der SPD im Johannishof vor den Landtagswahlen vom 4. 12. 1960
→
Presseraum beim CVP-Landesparteitag 1951

Diese Doppelseite:
↑
Der spätere Kultusminister Werner Scherer am Rednerpult bei einer CVP-Veranstaltung vor der Volksabstimmung 1955
→
Pater Leppich, das „Maschinengewehr Gottes", spricht auf der Bühne des Johannishofes, 18. 11. 1951.

Vorhergehende Doppelseite:
←
Physikalischer Versuchsaufbau auf dem Campus der Saar-Uni gegenüber der Aula, 1954
→
Betrachtung der Sonnenfinsternis am 1. 7. 1954 auf dem Dach der Universitätsbibliothek

Diese Doppelseite:
↑
Rektor Angelloz verleiht bei der Immatrikulationsfeier einem neuen Kommilitonen das akademische Bürgerrecht, November 1952.
←
Studierende der Saar-Universität in der Aula, 1952

↑
Wohnheime der Landessportschule im Bau, 1954
→
Im Magazin der Universitätsbibliothek, 1954
→→
Ludwigsparkstadion im Bau, Sommer 1952

↑
Lichterfest im Deutsch-Französischen Garten, 1962
→
Konzert am Deutschmühlenweiher anlässlich der Eröffnung der Deutsch-Französischen Gartenschau, 23. 4. 1960

↑
Postsortierung auf der Hauptpost, 26. 2. 1952
←
Hauptpost, links daneben der Gloria Filmpalast im Bau, 1949

↑
Beflaggte Vorboten der Deutsch-Französischen Gartenschau an der Metzer Straße, Sommer 1960
→
Richtfest für das „Toto-Bad" am Schwarzenberg, 2. 9. 1958

↑
Neubau St. Albert auf dem Rodenhof, 18. 5. 1954
←
Ein englischer Frauenchor in Maria-Königin auf dem Rotenbühl, 1960

↑
Beladung von Waggons mit Kohle auf der Hafeninsel, um 1960
→
Partie in den Rosenanlagen gegenüber der Hafeninsel, um 1960

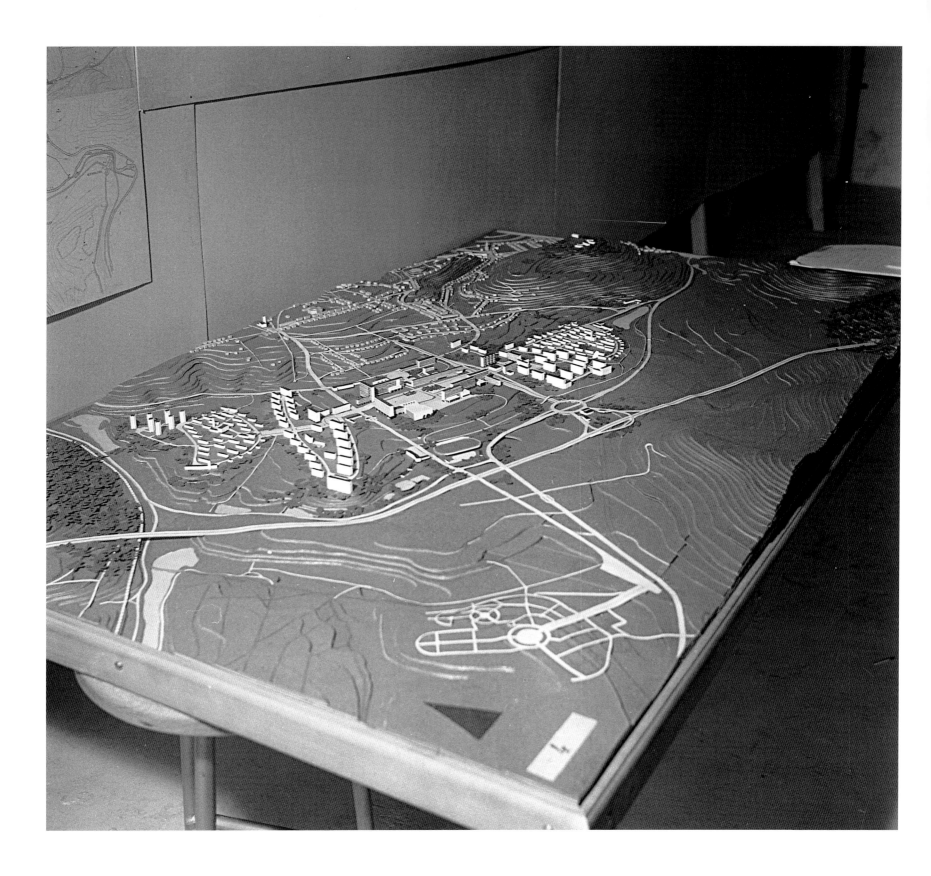

↑
Repräsentative Verwaltungsbauten: Modellentwürfe im Rahmen des Wettbewerbs für die europäische Montanhauptstadt Saarbrücken, 1955
←
Ideenwettbewerb Montanunionstadt Saarbrücken, 1955. Entwurf des Architektenbüros Krüger, Stuttgart

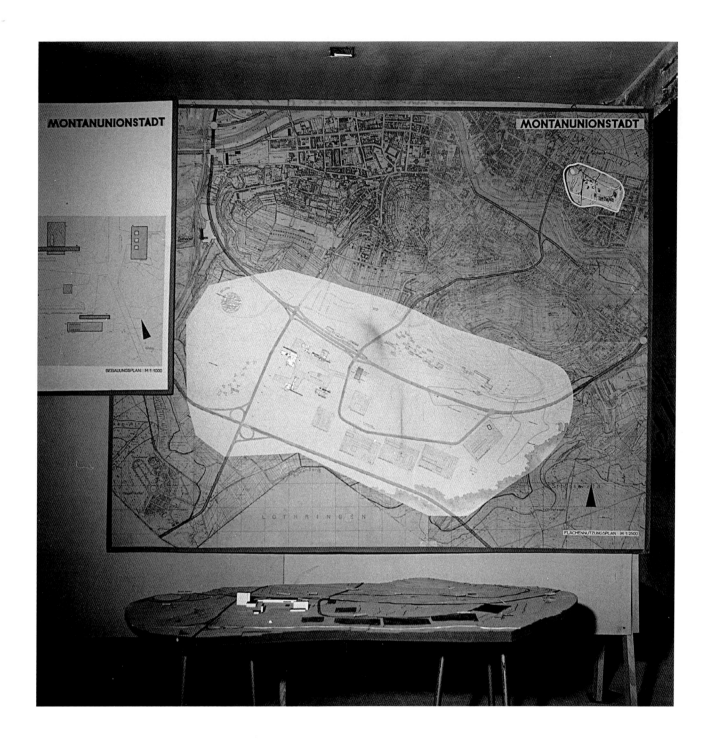

↑
Plankarte für das Areal Montanunionstadt Saarbrücken, 1955
→
Entwurf im Rahmen eines Architektenwettbewerbs von Radio Saarbrücken für den Funkhausneubau auf dem Winterberg, 1955

Raum für Romantik?

→
Zeitungsleser in der Goetheanlage an der Schlossmauer, um 1950

Vorhergehende Doppelseite:
←
Untere Hohlgasse in Malstatt, 1951
→
Treppenaufgang zur alten Villa Bruch, 1952

Diese Doppelseite:
↑
Obere Etage des Saarlandmuseums, Innenhof, 1957
→
Bild für eine Fotoreportage „Saarbrücker Nachtleben", 1955

↑
Pferdefuhrwerk vor der Toreinfahrt eines Anwesens mit Arztpraxis, 1950/51
↖
Gedenkstein in der Goetheanlage an der Schlossmauer, 1950
←
In der Altneugasse von Alt-Saarbrücken, 1949

↑
Ochsenfuhrwerk in der Brauerstraße, nach 1957
→
Großstadtgespräch I: Polizist und Passantin in der Eisenbahnstraße, 1952/53

↑
Marktfrauen wärmen sich am offenen Feuer, Neumarkt 1950.
←
Eislauf- und Rodelvergnügen auf dem Deutschmühlenweiher, 1960/62

↑
Brückenkopf der alten Malstatter Brücke, Malstatter Flussufer, 1950
←
Ludwigskirche auf dem „begrünten" Ludwigsplatz, Anfang 1950er Jahre

↑
Auf dem Eschberger Hof, 1960
→
Bushaltestelle in der Ursulinenstraße (vor dem Gebäude der „Saarbrücker Landeszeitung"), 17. Juli 1953

Vorhergehende Doppelseite:
←
Blick in den Innenraum der zerstörten Schlosskirche, 1948
→
St. Arnual, Augustinerstraße, 1957

Diese Doppelseite:
←
Großstadtgespräch II: Polizist und Passant an der Ecke Bahnhof-/ Dudweilerstraße, 1952/53
→
Großstadtgespräch III: Wachposten und Passantin vor dem Ministerpräsidium in der Schillerstraße (heute: Bismarckstraße), vor 1955

→ *Obere Bahnhofstraße im Bereich der Einmündung Trierer-/Reichs-/Viktoriastraße, im Hintergrund die Bergwerksdirektion, 1961*

Formierung der Landeshauptstadt
Saarbrücken in der Nachkriegszeit (1945 – 1960)

1

1945 – Stunde Null in Saarbrücken? Zunächst schon. Denn die amerikanischen Truppen, die das rechte Saarufer am 21. März 1945 besetzten, fanden eine fast menschenleere, seit November 1944 evakuierte Stadt vor. Die Wehrmacht hatte sich zurückgezogen und dabei alle Brücken gesprengt. Nur noch wenige Mitarbeiter der Verwaltung waren in der Stadt. Diese wurden von Oberst Kelly, dem amerikanischen Stadtkommandanten, drei Tage nach der Besetzung im Rathaus zusammengerufen. Er tauschte die Führungsspitze der Stadtverwaltung komplett aus. Für die Mitarbeiter der Stadtverwaltung galt jedoch eine differenziertere Politik. Zunächst musste die Verwaltung auf Mitarbeiter, die aus der Evakuierung zurückkehrten, zurückgreifen. Diese waren allerdings zu 90 % Parteimitglieder, von denen etwa 40 % bereits vor dem 1. April 1935 in die NSDAP eingetreten waren. Im Februar 1946 waren davon bereits rund 700 entweder entlassen oder nicht wieder eingestellt worden. Die Zahl der ehemaligen Parteimitglieder konnte so von 80 % auf 22 % reduziert werden. Aber ihre Fachkenntnisse waren an einigen Stellen unentbehrlich. So griff man beispielsweise für die von der Militärregierung angeordnete und von den Kommunen durchzuführende Erhebung der ehemaligen Zwangsarbeiterinnen und Zwangsarbeiter von 1946 bis 1948 auf die Kenntnisse des Finanzdirektors Wittneben zurück. Bereits im Krieg war er bei der Verwaltung der städtischen Lager eingesetzt gewesen. Ende 1948 beschäftigte die Stadt aber immer noch 303 Mitarbeiter weniger als 1944.

In den Jahren zwischen 1945 und 1960 war das Handeln der Stadtregierung, der Verwaltung und der Bürger in erster Linie vom Wiederaufbau eines geregelten Lebens, der Beseitigung der Kriegsschäden und der Rekonstruktion des Stadtbildes geprägt. Die Wasser-, Strom- und Gasversorgung waren anfangs durch Kriegseinwirkungen unterbrochen. Nachdem die Stromversorgung und das Wasserwerk Rentrisch Ende März 1945 wieder funktionierten, konnten die Hauptwasserleitungen in Betrieb genommen werden. Die Häuser und Wohnungen hatten jedoch zu einem großen Teil noch kein fließendes Wasser, da die Zuleitungen erst in Stand gesetzt werden mussten. Die Gasversorgung war nur auf dem rechten Saarufer möglich, weil die Wehrmacht alle Brücken gesprengt oder so stark beschädigt hatte, dass sie nicht mehr benutzbar waren. Das erschwerte nicht nur die Gasversorgung, sondern auch den Verkehr zwischen den beiden Ufern. Bis zur Errichtung einer Fußgängerbrücke – des „Kummerstegs" unterhalb der zerstörten Kaiser-Friedrich-Brücke – verband eine Fähre die beiden Stadtteile. Die Alte

→ *Blick vom Jüdischen Friedhof in Alt-Saarbrücken über Moltke- und Goebenstraße Richtung Malstatt-Burbach*
↓ *Verlegung von Versorgungsrohren unterhalb des Neumarkts, 1961/62*
↘ *Straßenbauarbeiten in der Stengelstraße, um 1958*

Formierung der Landeshauptstadt

Brücke wurde für den Autoverkehr freigegeben. Bis 1946 waren auch die Luisenbrücke, die Bismarckbrücke und die St. Arnualer Brücke wieder benutzbar.
In den ersten Monaten nach Kriegsende wurden die wenigen Einwohner, die Verwaltungsmitarbeiter und die Rückkehrer aus der Evakuierung mit Gemeinschaftsverpflegung durch die Großküchen im Paul-Marien-Stift, in der Ulanenkaserne und in Malstatt-Burbach ernährt. Mit der Eröffnung von Lebensmittelgeschäften in ausreichender Zahl und der Einführung von Lebensmittelkarten wurde die Gemeinschaftsverpflegung allmählich abgebaut. Sie blieb aber für Rücksiedler, heimkehrende Kriegsgefangene, ehemalige KZ-Häftlinge und frühere Zwangsarbeiter noch einige Zeit die erste Versorgung. Die Zuteilung von Nahrungsmitteln über Lebensmittelkarten blieb noch etliche Jahre erhalten. Mangel- und Fehlernährung waren weit verbreitet. Besonders Kinder und alte Menschen litten unter den Verhältnissen. Ab 1946 gab es internationale Hilfslieferungen, vor allem die Schweizer Spende. Sie verschaffte bedürftigen Schulkindern zwischen 1946 und 1948 täglich eine zusätzliche Mahlzeit. Hamsterfahrten und Schwarzhandel waren an der Tagesordnung. Der Saarbrücker Hauptbahnhof und die Bahnhöfe Jägersfreude und Schleifmühle dienten als Drehscheiben. Am Hauptbahnhof wurden waggonweise Kohlen verschoben. An den beiden anderen Bahnhöfen tauschte man mit durchreisenden amerikanischen Soldaten Schokolade, Fleischkonserven, Seife und Zigaretten. Erst der Anschluss an den französischen Wirtschaftsraum und die Einführung des Franc als Zahlungsmittel im Herbst 1947 brachten Abhilfe. Danach waren Gemüse und Obst wieder frei erhältlich. In den grenznahen Gebieten Lothringens wurden trotz offiziell gesperrter Grenzen Lebensmittel in besserer Qualität eingekauft. Die Lebensmittelkarten wurden nach und nach abgeschafft, bis im Februar 1950 auch die Rationierung für Kaffee aufgehoben wurde.

2

Die Rückkehrer aus der Evakuierung, die ab Mai 1945 in der Stadt eintrafen, dürften ihre Heimat kaum wieder erkannt haben. Wenn sie am Saarbrücker Hauptbahnhof ankamen, standen sie vor einem Trümmerfeld. Da der Bahnhof als Verkehrsknotenpunkt für Transporte an die Westfront eine wichtige Rolle gespielt hatte, war er ein bevorzugtes Ziel alliierter Bombenangriffe gewesen. Sein Umfeld bis zum heutigen Ludwigsbergkreisel und im Viertel rechts und links der Bahnhofstraße war stark zerstört, ebenso lagen die Industriestandorte in Malstatt und Burbach sowie in Alt-Saarbrücken in Trümmern. Dort gab es zwar keine kriegswichtigen Industrien, durch mangelnde Zielgenauigkeit wurde dieser Stadtteil dennoch — besonders beim größten Luftangriff am 5. Oktober 1944 – stark getroffen. Der größere Teil der Stadt lag in Schutt und Asche, was für das Alltagsleben besondere Gefahren und zeittypische Pro-

Irmgard Christa Becker

bleme brachte. Selbst ein harmloser Lausbubenstreich, der heute durch eine Haftpflichtversicherung gedeckt wäre, konnte Existenz bedrohende Folgen haben: Mehrere größere und kleinere Lausbuben hatten Ende Januar 1948 mit Steinen 35 Fensterscheiben am sogenannten „Grünen Schulhaus" eingeworfen. Diese waren erst kurz zuvor wieder eingesetzt worden. Drei der kleineren Buben wurden von städtischen Bediensteten erwischt. Die Stadtverwaltung forderte von den Eltern die Bezahlung des Schadens. Sie sollten je ein Drittel der Kosten in Höhe von 1640 Frs. übernehmen. Einer der Väter gab zwar zu, dass sein elfjähriger Sohn Rudolf Steine geworfen habe, hingegen wisse er nicht, ob er getroffen habe. Die größeren Buben, die schneller rennen konnten und deshalb entwischt waren, hätten aber sehr wohl getroffen. Aufgrund dieser Sachlage und weil er nach dem Verlust seiner Wohnung und seines gesamten Hausrates durch Bombenangriffe mit seiner sechsköpfigen Familie in zwei Räumen mit insgesamt 18 m² wohne, sei er weder willens noch in der Lage, die geforderte Summe zu übernehmen. Des Weiteren führte er ins Feld, dass die unwürdigen Wohnverhältnisse eben nicht nur bei Erwachsenen zu Verrohung führten, sondern auch massive Auswirkungen auf das Verhalten der Kinder hätten. Die Verwaltung versuchte, die Betroffenen trotzdem zur Zahlung eines Teilbetrags zu bewegen, und sei es auch in Raten. Vermutlich verlief die Aktion aber im Sande.

Die Räumung von Straßen und Plätzen war bis 1946 abgeschlossen, die gesamte Trümmerbeseitigung erst 1966. Dabei wurden insgesamt 6.000 Minen und 2.000 Blindgänger entschärft und mehr als zwei Millionen Kubikmeter Schutt beseitigt. Die Trümmer verteilte man auf 15 Kippstellen in der Stadt. 17 Millionen Backsteine wurden wieder verwendet. Ein verheerendes Hochwasser der Saar machte die Erfolge der Trümmerbeseitigung im Winter 1947/48 teilweise zunichte. Das Wasser konnte nicht rasch genug abfließen, weil die Trümmer der Kaiser-Friedrich-Brücke noch in der Saar lagen. In der gesamten Innenstadt um den St. Johanner Markt stand das Wasser so hoch, dass man nur noch mit Booten fahren konnte.

Für den Wiederaufbau setzte die Militärregierung schon früh ein Planungsteam ein, in dem der Le Corbusier-Schüler Georges Henri Pingusson für Saarbrücken zuständig war. Er untersuchte die vorhandenen Strukturen, die ungeordnete Verkehrsführung am Bahnhof, die Verbindung von Industrie- und Wohnbereichen, die Lage des Industriehafens mitten in der Stadt und die fehlende Stadtmitte als Folge der unorganischen Entwicklung zur Großstadt. Auf dieser Analyse aufbauend plante Pingusson eine moderne Großstadt im Sinne der Charta von Athen. Die Umsetzung seiner Planung hätte einen tief greifenden Einschnitt in der Stadtentwicklung bedeutet. Die Industrie wollte er aus der Stadtmitte verbannen, von Licht durchflutete Stadtviertel mit Hochhäusern und Grünzonen bauen und eine moderne Verkehrsinfrastruktur ohne niveaugleiche Kreuzungen errichten. Die Saar sollte nach Verbreiterung und Begradigung der zentrale städtische Bezugspunkt sein. Die Hafeninsel sollte das Regierungsviertel aufnehmen und der St. Johanner Markt für den Durchgangsverkehr gesperrt werden.

Formierung der Landeshauptstadt

Auf der Erzwiese der Burbacher Hütte sollte die Stadt eine Messe bekommen und in Malstatt einen Personen- statt des Güterbahnhofs. Die Planungen scheiterten an den antifranzösischen Ressentiments des kommunistischen Bürgermeisters Detjen, der den Widerstand gegen Pingussons Pläne parteiübergreifend organisierte. Unterstützt wurde er dabei vom städtischen Baurat Cartal, der sich gegen die Eingriffe der Militärregierung in die kommunale Selbstverwaltung verwahrte. Realisiert wurden nur einige konzeptionelle Ideen wie die Arkaden in den Einkaufsstraßen und das Konzept der Stadtautobahn. Von 1952 bis 1954 wurde als einziges der von Pingusson geplanten Gebäude die französische Botschaft, das heutige Kultusministerium, errichtet. Die städtischen Mitarbeiter Feien, Cartal und Stolpe, die den Wiederaufbau letztlich bestimmten, setzten – unterstützt von der Bevölkerung, die ihre gewohnte Umgebung wiederhergestellt sehen wollte – auf die Rekonstruktion vorhandener Strukturen und organisierten den Wiederaufbau auf dem alten Stadtgrundriss. Daneben wurden schlichte Zweckbauten im Stil der fünfziger Jahre genehmigt, wie der Neubau der Landesbank und Girozentrale am Bahnhof, die Saargrubenverwaltung, die Landesversicherungsanstalt, das Finanzamt am Stadtgraben, die Ost-Schule, das Ludwigsgymnasium und das Haus der Gesundheit an der Malstatter Brücke.

Die Stadt präsentierte sich in den 1950er Jahren weiterhin als Industriestadt. St. Johann zeigte der Saar seine recht unansehnliche Rückseite und Alt-Saarbrücken hatte seine repräsentative Saarfront nur teilweise wieder gewonnen. Am Neumarkt diente der Kummersteg immer noch als Fußgängerbrücke über die Saar. Unterhalb und oberhalb schlossen sich die Luisen- und die Rosenanlage an. Über die Alte Brücke fuhren Autos, die auf der Alt-Saarbrücker Seite direkt auf die Hindenburgstraße abbogen und am Landtag vorbei Richtung St. Arnual gelangten. Saarabwärts folgten nach den genannten Grünanlagen der Park des Kultusministeriums und das Wohngebiet an der Heuduckstraße bis zur Malstatter Brücke. In den stark zerstörten innerstädtischen Gebieten wie der Bahnhofstraße waren die Häuser überwiegend modern wieder aufgebaut und im Erdgeschoss mit Arkaden versehen worden, so dass vor Regen und Autoverkehr geschützte Flaniermeilen entstanden.

Eine der bedeutendsten Aufgaben des Wiederaufbaus war der Wohnungsbau. Neuer Wohnraum wurde auf Freiflächen wie der Bruchwiese oder links und rechts der Lebacher Straße geschaffen. Ende der 1940er Jahre verstärkte sich die Wohnungsbautätigkeit in der ganzen Stadt. In den Randgebieten – Am Homburg, auf dem Rotenbühl und dem Rastpfuhl sowie auf der Hohen Wacht – ging es wesentlich schneller voran als in der Innenstadt. Diese Entwicklung wurde durch die Eigenheimförderung des Landes ab 1952 verstärkt, dennoch lebten 1953 immer noch 29.000 Personen in extrem schlechten Wohnverhältnissen. Um hier Abhilfe zu schaffen, war nicht nur der Bau neuer Wohnungen nötig, sondern ebenso deren gezielte Vergabe. Das versuchte die Stadtverwaltung bis 1964 durch die Bewirtschaftung des Wohnraums zu

Irmgard Christa Becker

↖
Verlegung von Straßenbahnschienen in der Trierer Straße, 27. 10. 1952
↑
Bau der Berliner Promenade, 1958/59

Formierung der Landeshauptstadt

steuern. So gelang es nach und nach, alle wohnraumbedürftigen Personen in geeigneten Räumen unterzubringen. Dazu trugen auch die Ende der 1950er Jahre geplanten und im folgenden Jahrzehnt gebauten Wohngebiete Eschberg und Folsterhöhe bei, die unter der Ägide des österreichischen Stadtplaners Hans Krajewski konzipiert wurden. Er war über die Stationen Bremen und Leverkusen 1957 nach Saarbrücken gekommen und prägte das Gesicht der Stadt nachhaltig. Wie Pingusson war er der Charta von Athen verpflichtet, versuchte jedoch mit stark veränderten Konzepten Lösungen für die gleichen Infrastrukturprobleme zu finden. In seiner Analyse kam er zu dem Schluss, dass Saarbrücken seinen neuen Funktionen als Universitäts-, Messe- und Landeshauptstadt gerecht werden und die Stadtplanung darauf ausgerichtet werden müsse. Die Stadt brauche ein tragfähiges Verkehrskonzept für die Messe, Wohnraum am Stadtrand, eine sinnvoll gestaltete Mitte und ein leistungsfähiges Krankenhaus. In seine Überlegungen bezog er die Weichenstellungen aus der unmittelbaren Nachkriegszeit ein. Er war der Meinung, dass die Stadt noch nicht in der Lage sei, angemessen Besucher zu empfangen, weil sie weder Tagungsmöglichkeiten noch repräsentative Plätze und Straßen biete. Des Weiteren benötige die Stadt Grünflächen. Im Sinne der Charta von Athen plädierte auch er für die Verlegung des Hafens aus der Stadtmitte. Diesem Uferabschnitt der Saar widmete Krajewski besondere Aufmerksamkeit. Er erkannte, dass St. Johann sich von der Saar abgewandt entwickelt hatte und zwischen Hafen und Alter Brücke eine ungeordnete Rückseite zeigte. Mit der Gestaltung der 1959 eröffneten Berliner Promenade erhielt St. Johann endlich ein Gesicht zur Saar. Über der Saar schwebend, führt ein Steg an den rückwärtigen Fassaden der Geschäftshäuser in der Bahnhofstraße entlang. Durchgänge schufen Verbindungen zur Haupteinkaufsstraße. Damit überwand er die Enge des City-Bereichs und eröffnete einen Blick auf Alt-Saarbrücken und den Stadtwald. Die Bevölkerung nahm die Berliner Promenade begeistert an. Sie galt als „Schokoladenseite" der Stadt.

Als Krajewski nach Saarbrücken kam, war der Neubau eines Krankenhauses anstelle eines Umbaus des Bürgerhospitals auf dem Reppersberg bereits beschlossen. Das neue Krankenhaus sollte auf dem Eschberg entstehen. Krajewski setzte sich für seine Verlegung auf den Winterberg ein, da er Konflikte mit den Anwohnern durch den zu erwartenden Lärm im Umfeld der Klinik befürchtete. Er sah in dem Krankenhaus auf dem Winterberg eine Stadtkrone besonderer Art, und in der Tat ist es von fast allen Stadtteilen aus zu sehen.

Im Rahmen der Stadtplanung hatte Krajewski auch die Verkehrsprobleme zu lösen, die durch die Massenmotorisierung nach dem Zweiten Weltkrieg entstanden waren. In den ersten Nachkriegsjahren war die Eisenbahn noch das wichtigste Verkehrsmittel. 1951 pendelten täglich 40.000 Menschen mit dem Zug nach Saarbrücken. Innerstädtisch spielte der schienengebundene Nahverkehr neben den Omnibussen eine wichtige Rolle. Unmittelbar nach Kriegsende begann die Wiederherstellung der Straßenbahnlinien. Ein dichtes Streckennetz und erschwing-

Irmgard Christa Becker

liche Fahrpreise waren Teil der Wirtschafts- und Sozialpolitik der Stadt. Dadurch entstand jedoch bei der Gesellschaft für Straßenbahnen im Saartal AG ein so hohes Defizit, dass Wirtschaftsprüfer 1956 einen erheblichen Rationalisierungsbedarf der Verkehrsbetriebe feststellten. Die darauf folgende Ankündigung einer Fahrpreiserhöhung im Herbst 1958 führte zu massiven Protesten, und die Landesregierung verweigerte ihre Zustimmung. In den folgenden Jahren wurde der öffentliche Nahverkehr zwischen dem Ruf nach niedrigen Fahrpreisen und der wachsenden Bedeutung des Individualverkehrs zerrieben. Von 1945 bis 1947 hatte sich der Kraftfahrzeugbestand in Saarbrücken verdreifacht und nach der Aufhebung der Kfz-Bewirtschaftung stieg die Zahl der Fahrzeuge weiter kontinuierlich an. Von Ende 1957 bis Ende 1963 hatte sich die Zahl der in der Stadt zugelassenen PKWs von 20.120 auf 33.281 erhöht. In Saarbrücken war eine auffallend große Zahl von LKWs unterwegs, die Lebensmittel und Rohstoffe aus Frankreich transportierten. Autos eroberten die Straßen, sie galten als vorrangig vor anderen Verkehrsteilnehmern wie Fußgängern und dem öffentlichen Nahverkehr. Die Verkehrsregeln waren noch kaum entwickelt, und es kam zu zahlreichen Unfällen. In Stoßzeiten war kaum ein Vorankommen möglich; in der Stadt herrschte ein regelrechtes Verkehrschaos. Die Verkehrsinfrastruktur musste an diese Entwicklung angepasst werden. Die zeitgemäße Lösung war eine Stadtautobahn, mit der einerseits der Durchgangsverkehr schnell durch die Stadt fließen und andererseits die Anbindung der Stadt an den überregionalen Verkehr sinnvoll und bedarfsgerecht erreicht werden konnte. Wie innovativ das Konzept damals war, ist an der Tatsache ablesbar, dass Saarbrücken als erste Stadt in Deutschland 1963 eine Stadtautobahn einweihte. Schon zwei Jahre zuvor war die Wilhelm-Heinrich-Brücke als Nachfolgerin der Kaiser-Friedrich-Brücke errichtet worden. Sie schuf 16 Jahre nach Kriegsende für den motorisierten Verkehr wieder eine Verbindung der beiden Stadtmitten von Alt-Saarbrücken und St. Johann. Im Sinne einer autogerechten Stadt wurde ein Verkehrschaos vermieden. Man war überzeugt und begeistert von der endlich entstandenen Stadt am Fluss und der Tatsache, dass man nun wesentlich schneller und ohne Stau zu seinem Arbeitsplatz gelangte. Als Kehrseite der Medaille zerstörte die Autobahn die Schauseite von Alt-Saarbrücken an der Saar und begann, das andere Saarufer in St. Johann einschließlich der neu errichteten Berliner Promenade in eine lärmbelastete Zone zu verwandeln.

Zur Abrundung der Verkehrsinfrastruktur einer Landeshauptstadt fehlte noch ein leistungsfähiger Flughafen. Schon vor dem Zweiten Weltkrieg hatten die Planungen in Ensheim begonnen, ab 1948 arbeitete der Hohe Kommissar Grandval an einer Flugverbindung von Saarbrücken nach Paris. Mit der Einrichtung der Flughafengesellschaft mbH 1951 und dem Bau des Flughafens 1953 wurde sein Ziel erreicht. Die niederländische Fluggesellschaft KLM hatte ihr Interesse am Betrieb der Linie Paris-Saarbrücken für den Fall bekundet, dass die Saarhauptstadt zum Sitz der europäischen Montanunion würde. Diese Pläne wurden jedoch nie umgesetzt, und bis 1960 gab es in Ensheim weder eine geeignete Landebahn für größere Fracht- und Passagierflugzeuge noch einen Linienflugverkehr. Dieser begann erst 1967 auf der Strecke nach Düsseldorf.

3

Auch das wirtschaftliche Leben der Stadt war zunächst vom Wiederaufbau geprägt. Der Bergbau, die saarländische Schlüsselindustrie, stand unter der Verwaltung der „Régie des Mines de la Sarre". Diese hatte ihren Sitz in der Bergwerksdirektion in Saarbrücken. Die Regierung Hoffmann begünstigte die Monostruktur der saarländischen Wirtschaft, wodurch sich der Mittelstand benachteiligt fühlte. Er erlebte mit der Weiterverarbeitung von Rohstoffen und Teilfertigprodukten nach dem Zweiten Weltkrieg dennoch einen Aufschwung, da viele Waren aus dem deutschen Wirtschaftsraum nicht importiert werden durften und die Saarländer französischen Produkten skeptisch gegenüberstanden. Diese Nische nutzte der Mittelstand. Um diesen neuen Industriezweig besser mit Investitionsmitteln zu versorgen, wurde 1951 die saarländische Investitionsbank gegründet. Die Bank litt aber von Anfang an unter Kapitalmangel und musste von der Regierung durch Kredite gestützt werden.

Infolge der Sonderstellung des Saarlandes ließen sich darüber hinaus in Saarbrücken zahlreiche französische Banken und Versicherungen nieder, die den Standort aufgrund des zollfreien Warenverkehrs mit Frankreich auch nach 1957 beibehielten. Nicht zuletzt durch diese Entwicklungen konzentrierte sich in Saarbrücken die Kaufkraft. Dazu trug auch der Ausbau der Landes- und Stadtverwaltung in der Hauptstadt bei.

Eine weitere Aufwertung erfuhr der Wirtschaftsstandort Saarbrücken durch die Gründung der Saarmesse. Die Stadt als Veranstalter und die Brüder Grandmontagne als Betreiber schlossen einen auf fünf Jahre befristeten Vertrag, der kurz vor der Abstimmung 1955 um weitere 25 Jahre verlängert wurde. Die Messe musste sich gegen die Zögerlichkeit der Landesregierung, Widerstand aus Ostfrankreich sowie Bedenken der Industrie und der Wirtschaftsverbände behaupten. Das ursprüngliche Konzept einer Mustermesse ohne Detailverkauf konnte nie umgesetzt werden. Die Messe wurde von Anfang an auch vom Einzelhandel und vom Handwerk genutzt und nahm dadurch eher den Charakter einer Verbrauchermesse an. 1950 startete die Messe in drei hölzernen Messehallen und zwei Doppelzelten. Sie war von Anfang an bei der Bevölkerung äußerst beliebt. Zunächst zur Exportförderung der einheimischen weiterverarbeitenden Industrie gedacht, wurde sie ab 1952 zu zwei Dritteln von ausländischen Firmen beschickt, die überwiegend aus Deutschland und Frankreich kamen. Die steigende Zahl deutscher Aussteller versöhnte die Gegner der Autonomie mit der Messe. Der wachsende Bedarf der saarländischen Industrie an deutschen Investitions- und Konsumgütern führte zu einer Begün-

↖
Kohleaufbereitung auf Grube Camphausen, 1952
↑
Eröffnung der Internationalen Saarmesse, 1955
←
Saar mit Kohlenhafen, um 1955

Formierung der Landeshauptstadt

stigung deutscher Einfuhren bei der Messe. Diese Tendenz verstärkte sich unmittelbar nach der Abstimmung über das Saarstatut vom 23. Oktober 1955. Die Rückgliederung erforderte 1957 eine neue inhaltliche Ausrichtung der Messe. Sie sollte einerseits eine Mittlerposition im Handel zwischen Deutschland und Frankreich einnehmen. Andererseits sollte sie französische Waren ins Saarland bringen, weil dessen Möglichkeit zu zollfreiem Export nach Frankreich an den Absatz französischer Güter im Saarland gekoppelt war. So stieg ab 1958 die Zahl der französischen Aussteller wieder, während der Anteil der deutschen zurückging. Die ablehnende Haltung der deutschen Politik gegenüber der Saarmesse förderte die Solidarität mit der Messe im Land und brachte ihr die lang ersehnte Anerkennung durch Industrie- und Handelskammer ein. Die zwiespältige Gründungsgeschichte der Messe spiegelt die Zerrissenheit der saarländischen Gesellschaft in den fünfziger Jahren wider. Sie macht aber auch deutlich, dass es immer wieder gelang, die Interessen auszutarieren. Die Stadt Saarbrücken unterstützte die Messe, weil sie deren Bedeutung für ihre Funktion als Zentrum des Landes frühzeitig erkannt hatte. Als die Stadt sich ab 1952 bemühte, Sitz der Montanunion zu werden, spielte die Messe als Argument eine wichtige Rolle. Sie sollte der erste Baustein zum europäischen Handelszentrum Saarbrücken sein. Mit Unterstützung der Landesregierung trieb Saarbrücken das Projekt voran. In Radiosendungen und mit einem Film wurde für die Idee geworben. Aber allein schon die Tatsache, dass dieser Film nicht in den Sprachen der Länder der Europäischen Gemeinschaft für Kohle und Stahl synchronisiert wurde, war ein Zeichen fehlender Professionalität bei der Umsetzung der Idee. Weder Deutschland noch Frankreich setzten sich für Saarbrücken als Montanhauptstadt ein. Letztlich fehlten Verkehrsinfrastruktur, Hotelkapazität und ein funktionsfähiger Flughafen, um einer solchen Aufgabe gerecht zu werden.

4

Bei der Formierung der Landeshauptstadt spielten die Kultur- und Bildungseinrichtungen eine wichtige Rolle. Auf städtischer Seite hatte die Ausgestaltung des Kultursektors in den 1920er Jahren begonnen, damals dezidiert um die deutsche Kultur des Saargebiets hervorzuheben. Nach dem Zweiten Weltkrieg setzte die Landesregierung die Akzente. Schon in den ersten Jahren nach dem Krieg wurden parallel zum Wiederaufbau neue Institutionen zur Förderung eigenständiger künstlerischer und akademischer Leistungen im halbautonomen Saarland gegründet. Damit wurde die Stellung Saarbrückens als kulturelles Zentrum des Landes gestärkt. Die Staatliche Schule für Kunst und Handwerk in der St. Johanner Straße machte den Anfang. Sie wurde bereits am 14. Juli 1946 mit der Ausstellung „L'art français contemporain" eröffnet. Geleitet wurde die Schule von Henry Gowa, der künstlerischen Pluralismus förderte und eine

↑
Bildrestaurator Thonet bei der Arbeit, 1953
↗
Innenhof des Saarlandmuseums, 1958
→
Unterricht in der Bismarckschule, 1959

Formierung der Landeshauptstadt

Atmosphäre geistiger und künstlerischer Freiheit schuf. Gegenständliche und abstrakte Kunst sollten an der Schule gleichberechtigt sein. Frans Masareel leitete die Graphik-Klasse, Boris Kleint betreute die Grundlehre und Otto Steinert führte die Fotoklasse. 1951 verließen Gowa und Masareel nach Meinungsverschiedenheiten mit Kultusminister Straus die Schule. Hans Neuner und Otto Steinert führten die Schule erfolgreich weiter. Die im Juli 1951 gezeigte Ausstellung „Subjektive Fotografie" begründete Steinerts internationalen Ruf. 1952 zog die Schule in die Keplerstraße um. Es gelang allerdings nicht, das Anliegen der Schule in der Bevölkerung zu verankern. Die Saarbrücker verspotteten die künstlerische Arbeit und verballhornten den Namen der Schule zu „Schund und Schandwerk". Die Regierung unterstützte sie nur mangelhaft und benannte sie 1958 in Meisterschule des Handwerks um. Nach der Rückgliederung ging ihre große Zeit zu Ende. 1971 wurde sie mit der Höheren Technischen Lehranstalt und der Höheren Wirtschaftsschule zusammengeschlossen. Sie lebt heute in der HBK weiter.

Die Musikhochschule, 1947 auf Initiative Emil Straus' gegründet, blieb von politischen Anfeindungen nach der Rückgliederung verschont. Prominente Lehrer wie Maurice Gendron, Andor Foldes und Josef Greindl begründeten ihren Ruf. 1951 übernahm Josef Müller-Blattau die Leitung, der gleichzeitig eine Professur am musikwissenschaftlichen Institut der Universität innehatte. Ab 1957 hieß sie Staatliche Hochschule für Musik. Alfred Stiltz gründete 1954 einen Verein „Musikschule für Jugend und Volk" und betrieb ab 1956 mit Unterstützung der Stadt auch erfolgreich eine Musikschule, die 1966 der Musikhochschule angegliedert wurde.

Die Universität nahm 1948 den Unterrichtsbetrieb in der ehemaligen Below-Kaserne im Saarbrücker Stadtwald auf. Damit konnte in der Landeshauptstadt erstmals eine einheimische Fachelite ausgebildet werden, die das eigenständige Saarland stärken sollte. Ein Ziel war die Förderung von Arbeiterkindern durch Stipendien. Personal und die Lehrinhalte waren deutsch-französisch geprägt, in der Öffentlichkeit stellte sich die Universität als Europa-Universität dar. Einige Professoren um den Schweizer Robert Stämpfli versuchten nach der Abstimmung von 1955, die Universität im Rahmen der Selbstverwaltung übernational zu positionieren. Der Unterricht sollte vielsprachig sein und in der jeweiligen Muttersprache der Studierenden gehalten werden. Diese ehrgeizigen Pläne scheiterten an der nationalen Grundstimmung der saarländischen Gesellschaft. Nach der Rückgliederung wurden die bisher vom französischen zentralistischen Rektoratssystem geprägten Strukturen in das deutsche Modell kollegialer und dezentraler Mitverantwortung überführt. Als Besonderheit in der deutschen Hochschullandschaft wurde ein Universitätsrat eingerichtet, mit dem die Öffentlichkeit in die universitären Entscheidungswege integriert und die Universität im öffentlichen Leben verankert wurde. Die Universität blieb aber die Verbindung zwischen deutschem und französischem Kulturraum. Zahlreiche Studiengänge waren in Frankreich anerkannt, und eine große Anzahl französischer Professoren wurde berufen.

Irmgard Christa Becker

Der Schulbetrieb konnte am 1. Oktober 1945 in den wenigen erhaltenen oder behelfsmäßig hergerichteten Schulhäusern wieder aufgenommen werden. Wegen des Raummangels fand der Unterricht im Schichtbetrieb vormittags und nachmittags statt. Organisatorisch war die Nachkriegszeit von einer Umschulung der Lehrer, dem Wiederauf- und Neubau von Schulgebäuden, aber auch von dem Versuch geprägt, inhaltlich an die Entwicklung vor 1935 anzuknüpfen. Die Landesregierung wollte ein staatliches Schulwesen nach französischem Vorbild durchsetzen. Die Stadt Saarbrücken beharrte aber auf einem Nebeneinander von staatlichen und kommunalen Schulen und konnte ihre Zuständigkeit für die weiterführenden Schulen behaupten, allein bei den Volks- und Berufsschulen erhielt sie nur ein Mitspracherecht. Die Schüler wurden konfessionell und nach Geschlechtern getrennt unterrichtet. Insgesamt gab es 14 katholische und elf evangelische Volksschulen. Dem standen je eine Mittelschule für Jungen und Mädchen gegenüber. Neben dem traditionsreichen Ludwigsgymnasium existierten noch zwei weitere höhere Schulen für Jungen, die Staatliche Oberrealschule, heute Otto-Hahn-Gymnasium, und das städtische Realgymnasium, das spätere Gymnasium am Schloss. Es war als zweites staatliches Gymnasium für Jungen eingerichtet und erst nach der Rückgliederung in städtische Trägerschaft übernommen worden. Mädchen konnten anfangs nur das Realgymnasium besuchen, später (im Jahr 1950) wurde mit der Marienschule eine Mädchenschule in freier Trägerschaft eingerichtet. Die Schule sollte die Tradition der Ursulinenschule fortsetzen und konnte 1959 die ersten Abiturientinnen entlassen. Die Stadt legte großen Wert auf qualitätsvolle Unterrichtsmaterialien und stellte die Finanzmittel für eine entsprechende Ausstattung der Schulen bereit. Die Lehrerfortbildung orientierte sich an modernsten pädagogischen Erkenntnissen. Das Ideal war eine enge Zusammenarbeit zwischen Schulen und Familien und die Schaffung einer lernfreundlichen Atmosphäre in den Schulhäusern.

Das Stadttheater hatte in der Nachkriegszeit eine kulturelle Schlüsselstellung inne. Das Gebäude war im Krieg stark beschädigt worden. Im März 1946 konnte auf der Seitenbühne der Spielbetrieb wieder aufgenommen werden. In der Zwischenzeit dienten zunächst die Wartburg und der Johannishof als Ausweichquartiere für den Spielbetrieb. Die weiteren Instandsetzungsmaßnahmen am Theatergebäude gingen nur schleppend voran, da es an allem mangelte und in der öffentlichen Diskussion immer wieder der Vorrang des Wohnungsbaus betont wurde. Zur Wiederherstellung der Hauptbühne und des Zuschauerraums musste die Seitenbühne wieder geschlossen werden. Am 6. März 1948 konnte das Große Haus mit der „Zauberflöte" wieder eröffnet werden. Erster Intendant war Willy Schüller. Der vormalige Verwaltungschef leitete das Theater von 1945 bis 1952. Daneben war er Beigeordneter und Kulturdezernent der Stadt und bis zum Frühjahr 1946 auch der erste Intendant von Radio Saarbrücken. Später saß er der Saarländischen Kulturgemeinde und der Entnazifizierungskommission für Lehrer, städtische Mitarbeiter und Künstler vor. Diese Ämterhäufung zeigt einmal mehr, wie dünn die Personaldecke

Formierung der Landeshauptstadt

Möglichkeiten der kulturellen Freizeitgestaltung boten auch die Kinos, die nach dem Krieg wieder eröffneten. Den Anfang machten im Herbst 1945 die Kinos im Johannishof und in der Wartburg. Die Volkshaus-Lichtspiele in Burbach schlossen sich 1946 an. Ab 1949 erlebten die Lichtspielunternehmer eine Wachstumsphase. 1951 eröffneten das Gloria, das Passagekino und das Scala für das Publikum, 1955 folgte das Tivoli auf dem Rastpfuhl und 1959 die Camera. Ein Kinobesuch begann zwischen 1950 und 1956 mit den aktuellen Meldungen der Saarländischen Wochenschau. Im Vorprogramm wurden Kulturfilme und in den Pausen Konzertmusik angeboten. Anfangs wurden alle Filme mit französischen Untertiteln gezeigt. Die staatliche Zensur wurde bis 1948 von der französischen Section Cinéma ausgeübt, dann von der Regierung Hoffmann. Die katholische Filmliga wachte ebenfalls über die Moral im Saarland, an jeder Kirche hingen die Kommentare des katholischen Filmdienstes. Für Jugendliche waren ihre Negativ-Kritiken geradezu ein Qualitätsmerkmal. Trotz der Zensur wurden alle großen deutschen Spielfilme im Saarland gezeigt. Daneben gab es eine französische Filmwoche mit Preisverleihung an einen weiblichen Filmstar und 1948 einen Filmball.

Der Zoo im Deutschmühlental war bereits 1939 aufgelöst worden. Jetzt suchte man einen neuen Standort. 1950 konnte der neue Zoo im städtischen Steinbruch am Eschberg eröffnet werden. Gustav Moog, der alte und neue Zoodirektor, hatte seit 1948 für dessen Wiedererrichtung mit phantasievollen Aktionen geworben: Eine Krippe mit lebenden Tieren, das Osterhasendorf Lampeshausen und ungezählte Vorträge brachten Spenden ein und bereiteten den Boden für die Wiedereröffnung des Saarbrücker Zoos. Anfangs gab es im Zoo noch kein geeignetes Haus, um die exotischen Tiere überwintern zu lassen. Sie wurden bis 1956 mit finanzieller Hilfe der alt eingesessenen Kaufhäuser Sinn und PK in eigens eingerichteten Räumen kältesicher untergebracht. Dadurch konnte der Zoo auch im Winter Einnahmen erzielen. Nach und nach entstanden eine Freifluganlage für große Raubvögel und das Tropicarium. Der Zoo hatte bald wieder viele Freunde und Gönner und konnte an seine Vorkriegserfolge anknüpfen.

Seit Ende 1945 durfte wieder in Vereinen Fußball gespielt werden. Der 1. FC Saarbrücken, neben Neunkirchen das Aushängeschild des Saarfußballs, spielte in den ersten Nachkriegsjahren in der zweiten französischen Division. Obwohl er dort sehr erfolgreich war, durfte er aufgrund der Ressentiments der französischen Vereine nicht in die erste Division aufsteigen. Der FCS spielte dann 1949 und 1950 im internationalen Saarlandpokal, einem Vorläufer des Europapokals, gegen Vereine aus 15 europäischen Staaten. In der Saison 1950/51 wurde er in die Oberliga Südwest aufgenommen und gewann 1952 gleich die deutsche Vizemeisterschaft. Der FCS stellte zum überwiegenden Teil auch die Spieler für die Saarauswahl, die in der Qualifikation zur Fußball-WM 1954 gegen die Bundesrepublik Deutschland und Norwegen spielten.

Im gesellschaftlichen Leben nahm die Casinogesellschaft eine führende Rolle ein. Sie zählte in den 1950er Jahren rund 300 Mitglieder. Bei ihrem Engagement im Weinhandel förderte sie das

Irmgard Christa Becker

Anbaugebiet Mosel-Saar-Ruwer. Mitglieder waren angesehene Bürger, erster Vorsitzender war der Brauereibesitzer Neufang. Die Casinogesellschaft führte Vortragsabende durch und veranstaltete zahlreiche Bälle wie den beliebten Dreikönigsball sowie Sommer- und Herbstbälle. Zu ihren gesellschaftlichen Ereignissen gehörten auch das Heringsessen am Aschermittwoch, ein Stammtisch und ein Damenkaffee. In der Fastnachtssaison war der Pre-Ma-Bü-Ba, der Presse-Maler-Bühnenball, das wichtigste gesellschaftliche Ereignis. Ende 1948 wurde er erstmals veranstaltet, um Spenden für die Wiederbeschaffung von Requisiten und Kostümen für das Theater zu sammeln. Man tanzte und amüsierte sich in allen schon zur Verfügung stehenden Räumen des Theaters. Der Ball war ein ungeheurer Erfolg und wurde fortan alljährlich unter einem neuen Motto wiederholt.

In den 1950er Jahren ging man selten aus, Gäste wurden eher in der eigenen Wohnung bewirtet. Beliebte Lokale lagen in der Nähe des Bahnhofs und am St. Johanner Markt. Mit zunehmender Mobilität entdeckten die Saarbrücker die Gastronomie in Sarreguemines und fuhren wieder zum Gasthaus Woll auf den Spicherer Höhen. Die Caféhaus-Kultur lebte nach den Hungerjahren mit Sahne- und Cremetorten weiter. Es gab eine Vielzahl von Cafés wie Fretter in der Eisenbahnstraße, das Café Wien in der Dudweiler Straße sowie die Cafés Kiwitt und Ludwig in der Bahnhofstraße.

5

Die Nachkriegszeit war für Saarbrücken eine Zeit verdichteter Stadtentwicklung, in der die Landeshauptstadt planerisch und institutionell als politisches, gesellschaftliches, wirtschaftliches und kulturelles Zentrum des Saarlandes geformt wurde. Die Ausgliederung des Saarlandes aus der französischen Besatzungszone mit der Einrichtung der Délégation Supérieure de la Sarre unter Gilbert Grandval im August 1945 und die Schließung der Grenzen zum übrigen Deutschland 1946 sorgten für die spezifische politische Situation, die 1947 in die Bildung des halbautonomen Saarlandes mündete. Mit Inkrafttreten der Verfassung, der Bildung der Regierung Hoffmann und deren Willen zur Autonomie erhielt Saarbrücken die Chance, zum Regierungssitz zu werden und seine Zentrumsfunktion im Saarland zu stärken. Die Machtzentren des Landes waren die Villa Rexroth, der Sitz des Ministerpräsidenten unterhalb des Theaters, sowie die Residenz des Hohen Kommissars Grandval auf Schloss Halberg. Erst 1958 bezog Ministerpräsident Egon Reinert die neue Staatskanzlei am Ludwigsplatz.

Die Stadt nutzte den Wiederaufbau und die Erneuerung der Verkehrsinfrastruktur zur Schaffung einer modernen Stadtlandschaft. Die neue Messe entwickelte trotz aller Widrigkeiten Strahlkraft ins ganze Land und darüber hinaus. Das städtische Gesundheitswesen erhielt mit

Formierung der Landeshauptstadt

dem Winterbergkrankenhaus seinen modernen Bezugspunkt. Das Theater wurde wieder aufgebaut und trotz mancher Anfeindungen für eine kulturelle Erneuerung im Austausch mit Frankreich genutzt. Das Land engagierte sich besonders im kulturellen Bereich und auf dem Bildungssektor durch die Gründung der Staatlichen Kunstschule, der Musikhochschule und der Verlegung der Universität von Homburg nach Saarbrücken.

Sichtbarer Ausdruck des Selbstbewusstseins der Stadt, ihre neuen Aufgaben meistern zu können, war die Ausstellung „Du und Deine Stadt", die 1959 zum fünfzigjährigen Jubiläum der Städtevereinigung unter Federführung des Baudezernenten Krajewski durchgeführt wurde. Im Innenhof des Saarlandmuseums wurde die Stadtgeschichte bis zur Großstadt gezeigt. Fast das gesamte Gebäude war für die Darstellung der gegenwärtigen Stadtplanung und die Zukunftsaufgaben reserviert. Ausgehend von den Zerstörungen im Zweiten Weltkrieg wurde der Wiederaufbau vorgestellt. Die Ausstellung schilderte das städtische Leben in seiner ganzen Breite, unter anderem mit den Themen Verkehrsplanung, Energieversorgung, Wohnen und Freizeitgestaltung. Die Gestalter waren sich bewusst, dass sie erst einen Teil der stadtplanerischen Aufgaben gelöst hatten und die Stadt sich in einer Phase großer Umbrüche befand. Deshalb zeigten sie auch Wege in die Zukunft auf.

Die Rückgliederung brachte erneut eine politische Umorientierung. Saarbrücken präsentierte sich jetzt als Hauptstadt des kleinsten Bundeslandes sowie als Grenzstadt und Brücke zu Frankreich. Ausdruck dieser neuen Rolle war die Deutsch-Französische Gartenschau auf dem Gelände des ehemaligen Deutschmühlenparks, des Mockentals und des Friedhofs im Ehrental direkt an der französischen Grenze. Der Gestaltungswettbewerb wurde 1957 für deutsche und französische Gartenarchitekten ausgeschrieben und die Parkanlage von Gärtnern aus beiden Ländern bepflanzt. Im April 1960 wurde die Deutsch-Französische Gartenschau unter großer Anteilnahme der Bevölkerung eröffnet. Das Gelände war schon vor dem Zweiten Weltkrieg ein beliebtes Ausflugsziel. Nach Ende der Gartenschau blieb der Park erhalten und wird noch heute von Deutschen und Franzosen gerne für Spaziergänge und andere Freizeitaktivitäten genutzt. Der Deutsch-Französische Garten leitet über in die sechziger Jahre, in denen die Landeshauptstadt Saarbrücken ihr heutiges Gesicht erhielt.

Menschen in der Stadt

Bühne für Bürger

Friedenskundgebung am Saarbrücker Schloss, 1949

↑
Staatsakt im Saarbrücker Stadttheater: Bundespräsident Heuss wird von Ministerpräsident Ney empfangen, 26. 1. 1957.
→
Bundespräsident Heuss betritt den Theatersaal.

Vorhergehende Doppelseite:
←
Historischer Festzug aus Anlass der „Woche des europäischen Bergmanns", August 1952
→
Saarberglehrlinge demonstrieren die mühsame Arbeit der Kohlenschlepper in der Vergangenheit, Mainzer Straße, 1952

Diese Doppelseite:
← + ↑
Grundsteinlegung für ein Denkmal in der Bismarckanlage, um 1960

Beerdigung von Ministerpräsident Egon Reinert, 23. 4. 1959:
↑↑
Aufladen des Sarges auf den Leichenwagen
↑
Trauerzug auf dem Weg vom St. Johanner Markt zur Alten Brücke
←
Militärische Formation vor der katholischen Basilika St. Johann

↑
Protestmarsch der deutsch-französischen Grenzgänger im Saarland (Trierer Straße, vor dem Gloria Filmpalast), um 1960
←
Demonstrationszug zum 1. Mai, Trierer Straße, 1954

↑
Zug des Verbandes der Heimkehrer des Saarlandes am Neumarkt, etwa 1952
→
Kundgebung des Heimkehrer-Verbandes am Landwehrplatz, 1952

↑
Empfang eines hohen französischen Militärs vor der Staatskanzlei, 1959
←
Einpflanzen eines Baumes durch Ministerpräsident Reinert am „Tag des Baumes" am Saarbrücker Schloss, März 1958
→
Umzug der FDJ durch die Schlossstraße, 1949

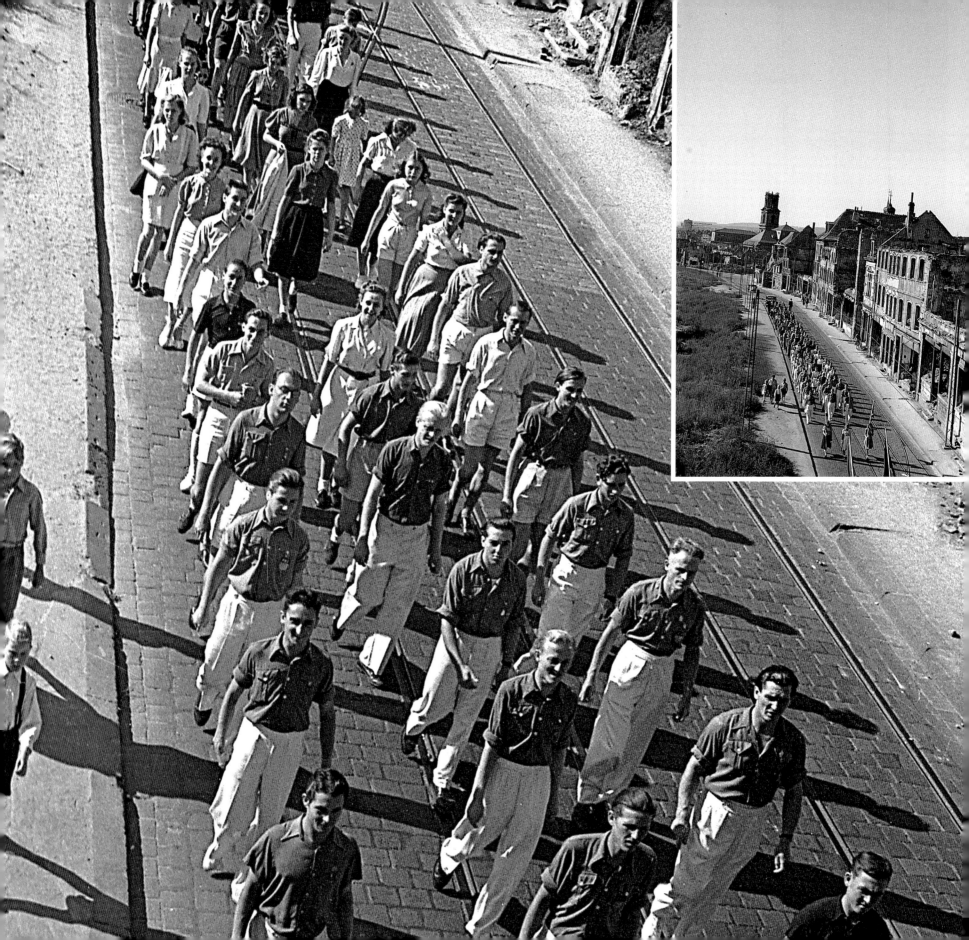

↑
Schulfeier auf dem Hof der Oberrealschule (Otto-Hahn-Gymnasium), Dezember 1959
→
Direktor Walter Abegg spricht vor Schülern, vermutlich zur Amtseinführung im Dezember 1959.

↖↖ + ↖ + ← + ↑
Ausnahmezustand in Saarbrücken: Die Spieler des 1. FC Saarbrücken werden nach dem verlorenen Endspiel um die deutsche Fußballmeisterschaft wie Helden gefeiert. Szenen aus der Großherzog-Friedrich-, Paul-Marien- und Bahnhofstraße, 23. 6. 1952

↑
Internationales Vespa-Treffen in Saarbrücken, Saaruferstraße, 1953
→
Geschicklichkeitsfahren durch einen Parcours auf dem Landwehrplatz, 1953/54

↑
Rückstau von der Bahnhof- zur Trierer Straße, um 1953
→
Verkehr in der Ursulinenstraße Richtung Bahnhof und Forbacher Brücke (heute: Luisenbrücke), 1953

↑
Verkehrserziehung für Kinder auf dem Landwehrplatz, 1952
→
Neue Straße auf dem noch unbebauten Eschberg, 1960

Vorhergehende Doppelseite:

Tankstelle Ecke Dudweiler-/Richard-Wagner-Straße (heute: Standort „Haus der Zukunft"), 1956

Diese Doppelseite:
↓
Unfallaufnahme in der Trierer Straße, 1952
→
Ausstellen eines Verkehrsprotokolls in der Dudweilerstraße, etwa Höhe heutiges Saarcenter, 1957

↑
„Verkehrsenge" in der Bahnhofstraße, um 1960
→
Straßenbahn-Haltestelle vor der Bergwerksdirektion, Ecke Reichs-/Trierer Straße, 1961

Die Ordnung des Verkehrs

→ *Bahnhofstraße, um 1960*

↑ + →
Einweihung der Malstatter Brücke, 19. 8. 1955

↑
Zuschauer beim Umzug in der Bahnhofstraße, 1963
←
Umzug einer Reiterstaffel zum „Tag des Pferdes", Oktober 1963

↑
Malerarbeiten an einem umgebauten (von Holz- auf Stahlkonstruktion) Personenwagen der saarländischen Eisenbahn, Dezember 1954

→
Der spätere Übergangs-Ministerpräsident Heinrich Welsch, Präsident des Verwaltungsrats der saarländischen Eisenbahngesellschaft, spricht im Eisenbahnausbesserungswerk Burbach, Herbst 1954.

Nachfolgende Doppelseite:
↖↖
Straßenbahn Richtung Goldene Bremm, 1952
↖
Berliet-Gelenkbus, Markt St. Arnual, 1957
↙↙
Straßenbahn in Malstatt, Breite Straße, 1955
↙
Die letzte Straßenbahn und der erste Trolleybus von Saarbrücken nach Heusweiler treffen am Stadtausgang aufeinander, 14. 11 1953.
→
Bücherbus der Firma Bottin, Hersteller u. a. der französischen Telefonbücher, 1952/53

↑ + →
Weihnachtsfeier für die Schülerlotsen: Musikdarbietung der Polizeikapelle und Überreichung von Buchgeschenken an die Lotsen, 1962

← „Verkehrsberuhigte" Zone, 1952
→
Zwei Simcas, zwei Unfälle: Schrottreife Autos auf dem Hof der Polizeikaserne in der Mainzer Straße, um 1957

↑
Im Einsatzwagen der Kriminalpolizei, 1956
←
Einsatz bei der Feuerwehr am 3. 1. 1953: Probe für die Kamera von Walter Barbian

↑
Ein Platz für alle Verkehrsteilnehmer: Fußgänger, Radfahrer und Auto auf Straßenbahnschienen am St. Johanner Markt, 1949
←
Motorrad-Orientierungsfahrt des Verkehrsclubs, Routenplanung vor dem Stadttheater, 1952

Die Welt der Arbeit

→ Wiederaufbauarbeiten, um 1950

↑
Frau am Bau, 1958
→
Italienische Gastarbeiter beim Wohnungsbau, 1952

Vorhergehende Doppelseite:
←
Gleisbauarbeiten in der Bahnhofstraße, 1949
→
Zusammenschweißen von Schienen vor dem Knappschaftsgebäude in der Trierer Straße, 1949

Diese Doppelseite:
←
Kanalarbeiter beim Einstieg, vor 1955
→
In der Saarbrücker Kanalisation, um 1955

↑
Lokomotive der Trümmerbahn mit Zugführer und Transportarbeitern, um 1947
→
Trümmerbahn auf dem Weg zum Schuttabladen im Ludwigspark, 1947

↑
Marketingaktion des Autohauses „Saarbrücken" für den 1953 herausgebrachten Panhard Dyna Z
←
Kfz-Mechaniker in der Arbeitspause, 1955

↖↖ + ↑↑ + ← + ↑ + →
Reportage aus dem Zentralschlachthof (heute: Straße des 13. Januar), 1952

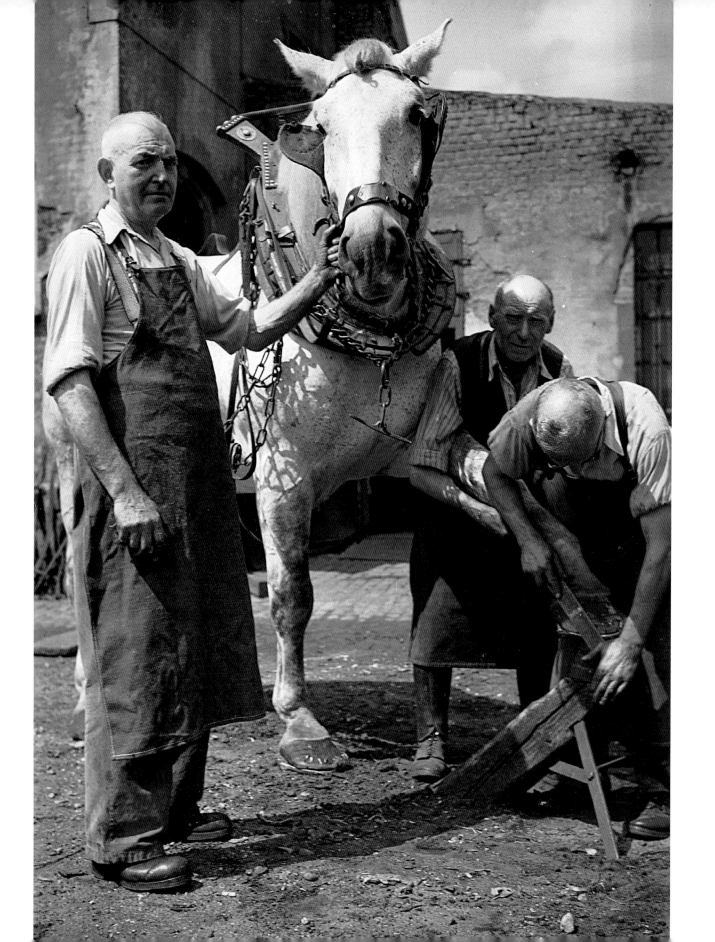

↑
Erlaubte Kinderarbeit: beim Bau von Seifenkisten für das Saarbrücker Rennen, 1957
←
Beim Hufschmied in der Roonstraße in Alt-Saarbrücken, 25. 7. 1949

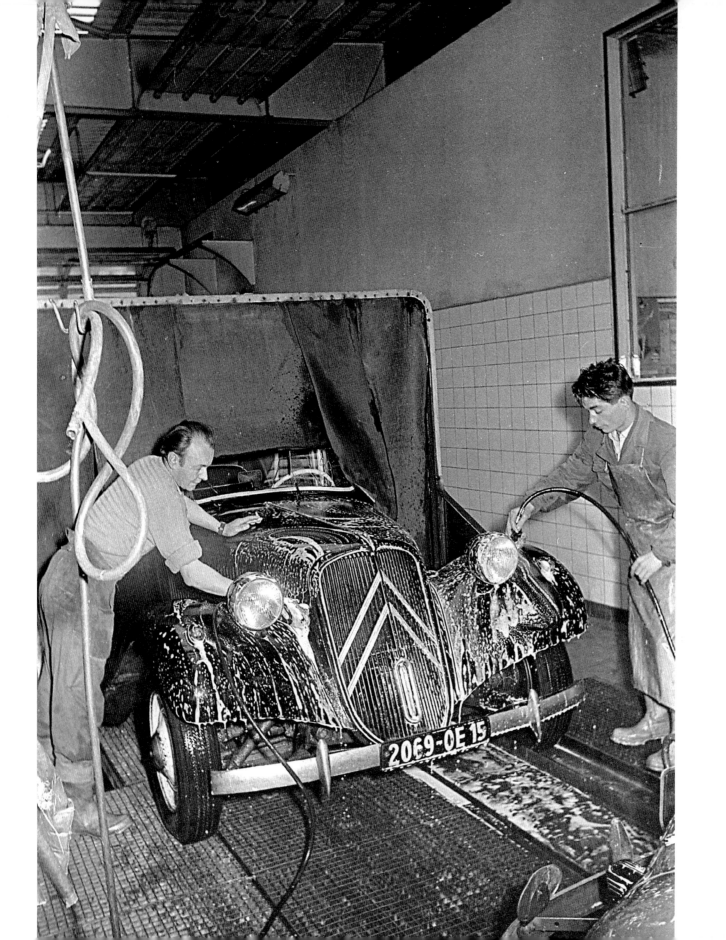

← ← + ← + ↑
Zweimal Waschsalon: für Auto und Hund, um 1955

↑
Glühbirnenfabrikation bei der Firma West-Licht, Am Torhaus, 21. 1. 1952
→
Sichtprobe für Glasauge, 1952

↑
Der Grafiker Bruno Koppelkamm entwirft in seinem Atelier das Design für saarländische Franken-Münzen, 1954.
→
Bildhauer Lichtenberg stellt den Apostel Petrus für die Attika der Ludwigskirche nach einem Gipsmodell her, um 1952.

↑
Der Oberfeuerwerker, Polizeimeister Alfons Neumann, demonstriert den Zünder einer Fliegerbombe aus dem Zweiten Weltkrieg, 26. 1. 1960.
←
Räumung einer Fliegerbombe von einem Neubaugelände unter der Leitung von Oberfeuerwerker Alfons Neumann, 1960

← + ↑
Saarbrücker Arbeitsamt, Vermittlungsstellen für Männer und Frauen, um 1952

←
Übung mit dem neuen Beatmungsgerät, Anfang 1950er Jahre
↓
Wach- und Schließgesellschaft bei der Kontrolle des Geschäftes von Foto Gressung, 3. 1. 1955
→
Enteisung eines Busses im Depot der Straßenbahngesellschaft, 1953/55

Gute Unterhaltung

Drahtseilakt über dem Gerberplatz, im Hintergrund die Großherzog-Friedrich- (damals Max-Braun-) Straße, um 1948

↑
Hochseilartistik über dem Gerberplatz, 1948
←
*Hans und Blanca Traber auf dem Hochseil zwischen Rathaus und Gerberplatz,
27. 8. 1948*

↑

*Puppenspiel vor der Fernsehkamera. Rechts Schautafel „Saarländisches Fernsehen"
mit der Ludwigskirche im Mittelpunkt*

→

Anfänge des Kinderfernsehens: Puppentheater bei „Telesaar", 1954

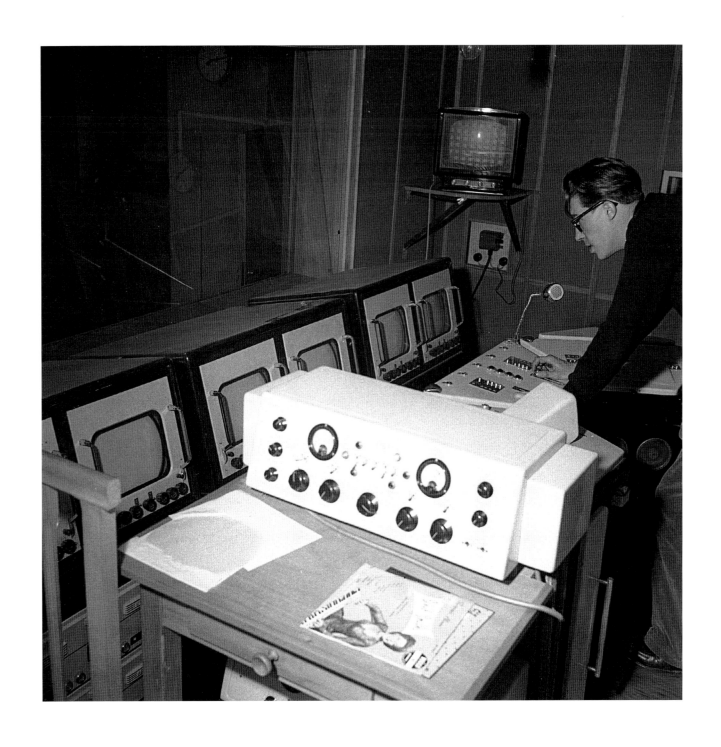

↑
Im Regieraum
←
Im Fernsehstudio von „Telesaar", Ecke Richard-Wagner-/Dudweilerstraße, 1954

↑
Radio Saarbrücken auf Sendung, 28. 1. 1952
→
Außenreportage von Radio Saarbrücken vom Homburger Schlossberg, um 1953

↑ + →
Talentwettbewerb bei „Telesaar", 1954

↑ + ←
*Schallplattenproduktion und Qualitätsprüfung in saarländischer Schallplattenfabrik,
um 1953*

*Nachfolgende Doppelseite:
↖↖ + ↖ + ↙↙ + ↙ + →
Waisenkind Elfi alias Kinostar Toxi zu Besuch im „Scala", November 1951*

↑ + →
*Im Sommer 1952 zeigt das am 18. 12. 1951 mit „Hoffmanns Erzählungen" eröffnete
Passagekino den Film „Anna" mit Silvana Mangano.*

↑
Ruth Leuwerik beim Lesen der „Filmschau", 1952
→ + →→
Ruth Leuwerik zu Besuch in Saarbrücken, 1952

↑
Werbeaktion der „Saarbrücker Allgemeinen Zeitung" vor dem Stadttheater, um 1960
→
Motivwagen der Haushaltungsschulen der Saargruben beim Umzug durch die Mainzer Straße anlässlich des „Tages des europäischen Bergmanns", August 1952

↑ + →
Der Weihnachtsmann und Knecht Ruprecht, eingeflogen von der „Saarbrücker Zeitung", bei ihrer Ankunft auf dem Flugplatz St. Arnual, um 1955

← + ↑
KellnerInnenwettlauf der Kommunistischen-Partei-Zeitung „Neue Zeit" (rechts vor dem „Holzkopp" in der Reichsstraße, damals Bahnhofstraße), 20. 8. 1949

Nachfolgende Doppelseite:
← + ↗ + ↘
Kirmesumzug auf dem Rodenhof, Heinrich-Koehl-Straße/Sittersweg. Turm der Kirche St. Albert kurz vor der Fertigstellung, 1954

←
Tänzerin Conchita Vally macht sich für ihren Auftritt bereit, etwa 1952.
↑
Das „Oberbayern", vielbesuchtes und -bespieltes Lokal in der Passagestraße (hinter Passagekino), nach 1957

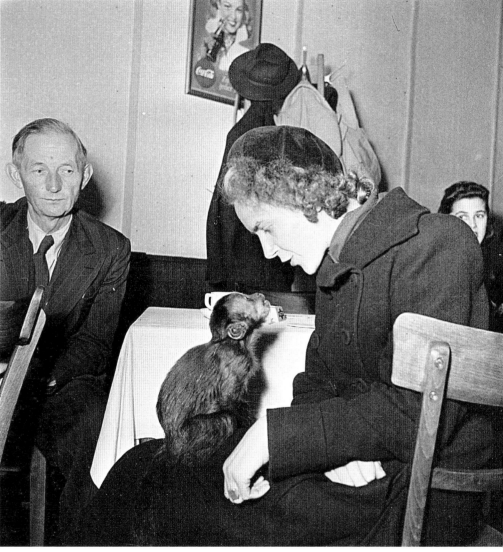

←
In der Künstlergarderobe, 1953
↑
Akrobatik auf der Kleinkunstbühne, 1953
↗
Reportage über das Saarbrücker Nachtleben, um 1955

Zwischen Stadt und Stadion

Saarbrücker Stadtstaffellauf, Start am Rathausplatz, 1949

↑ + →
Stadtlauf 1949: Aufstellung auf der Rathaustreppe; Staffelläufer beim Zielspurt vor dem Rathaus
←
Vereidigung der saarländischen Olympiasportler auf der Bühne des Stadttheaters Saarbrücken, 27. 5. 1952

↑
Saarland gegen Bundesrepublik Deutschland (1:3) im Ludwigspark, 28. 3. 1954
←
Großes Zuschauerinteresse beim Weltmeisterschaftsqualifikationsspiel gegen Norwegen (0:0) im Ludwigspark, 8. 11. 1953

↑
Ministerpräsident Hoffmann übergibt vor dem Qualifikationsspiel gegen Norwegen eine Grubenlampe an den Kapitän der norwegischen Mannschaft. Links neben Hoffmann der spätere DFB-Präsident Hermann Neuberger, November 1953
←
In der Radiosprecherkabine beim Spiel Saarland – Norwegen, 8. 11. 1953

Torloses Oberliga-Vorbereitungsspiel zwischen dem FCS und Borussia Dortmund vor 40.000 Zuschauern im Ludwigspark, 31. 7. 1957:
←
Im Strafraum der Dortmunder
↓
Mannschaftsaufstellung Borussia Dortmund
→
Der BVB-Keeper in Aktion

Erstes Bundesligaspiel im Saarland: 1. FCS gegen 1. FC Köln (0:2), 24. 8. 1963:
↑↑
Einlauf des späteren Deutschen Meisters 1. FC Köln
↑ + →
Spielszene und Blick auf die Zuschauerränge, vorne Kamera der „Sportschau"

↑
110-m-Hürdenlauf beim Olympia-Sportfest am Kieselhumes, 10. 7. 1955
←
Kugelstoßer, Sportplatz am Kieselhumes, 1949

Vorhergehende Doppelseite:
←
Stabhochsprung beim Stadionfest Kieselhumes, Juli 1955
→
Weltrekordversuch des Amerikaners Ernie Shelton (übersprungene Höhe: 2,09 m) im Stadion Kieselhumes, 1955

Diese Doppelseite:
↑
3 x 1000 m-Staffel mit Werner Zimmer (Mitte), Saarlandmeister im 1500-m-Lauf, um 1955
→
Stadionfest Kieselhumes, Juli 1955. Helga Hoffmann (Mitte) mit ihren Konkurrentinnen aus Ost- (Claussner) und Westdeutschland (Weichner)

Vorhergehende Doppelseite:
←
Ringwettkampf Saarland-Paris, Johannishof, um 1953
→
Fecht-Länderkampf Saarland-Frankreich, 1952

Diese Doppelseite:
← + ↑
Motorrad-Akrobatik beim Polizeisportfest (Tag der Polizei) auf dem Kieselhumes,
7. Juli 1953

↑
Spieler des saarländischen Amateur-Billard-Verbandes (Europameisterschaft im Einband), 1953
←
Billard-Weltmeisterschaft im Saarländischen Landtag, 3. 5. 1954

←← + ↖ + ↙
Zuschauer, Begleitfahrzeuge und Rennfahrer bei der 40. Tour de France am Landwehrplatz/Großherzog-Friedrich- (damals: Max-Braun-) Straße.
Die 1. Etappe von Straßburg nach Metz führte von Güdingen bis Burbach auch durch das Saarbrücker Stadtgebiet, Juli 1953.

↑ + ←
Flugplatz Ensheim, Flugtag 1957
→
Hockeyspiel gegen eine indische Auswahlmannschaft im Stadion Kieselhumes, um 1960

Konsum vor dem Kaufrausch

Schaufenster der Firma Textilien Kunz gegenüber dem Hotel Excelsior, Bahnhofstraße, 1951

Saarmesse 1955: Waschmittel und Traditionsbier mit eigenen Ständen

Vorhergehende Doppelseite:
←
Im Zigarettengeschäft, auf dem Ladentisch zwölf saarländische Marken, 1952
→
Am Kiosk im Deutsch-Französischen Garten, 5. 7. 1961

Diese Doppelseite:
↑
Schlachtfest bei Feinkost Dünfelder, Bahnhofstraße 106 (heute wieder Reichsstraße), 1950/53
→
Wirtschaftsminister Erhard auf seiner Inspektionsreise zur Begutachtung von Warensortiment und Ladenpreisen, 29. 8. 1957
→→
Ladenverkauf im Saarbrücker Schlachthof, 1952

← + ↑ + →

Saarbrücker Warenwelt: Vespas im Fahrzeugladen, Herrenmode bei „Möller & Schar" (Bahnhofstraße, River-Haus), Bademoden im „PK", 1951

↑
Mantelprobe für den Herrn bei „Möller & Schar", 1957
→
Ludwig Erhard und Manfred Schäfer, der bundesdeutsche und der saarländische Wirtschaftsminister, bei der Preiskontrolle im „PK", 28. 8. 1957

↑
Passage mit Schaufensterauslagen im „PK", 1957
→
Geschäftsbummel in der Bahnhofstraße, um 1955

← + ↑
Ziehung von Glückszahlen und Auswertung von Spielscheinen im Saarbrücker Totohaus, 1952

↑
Zur Jahreswende im „Tante Maja", Januar 1955
←
Saarbrücker Nachtleben mit indischen Gästen, 1961

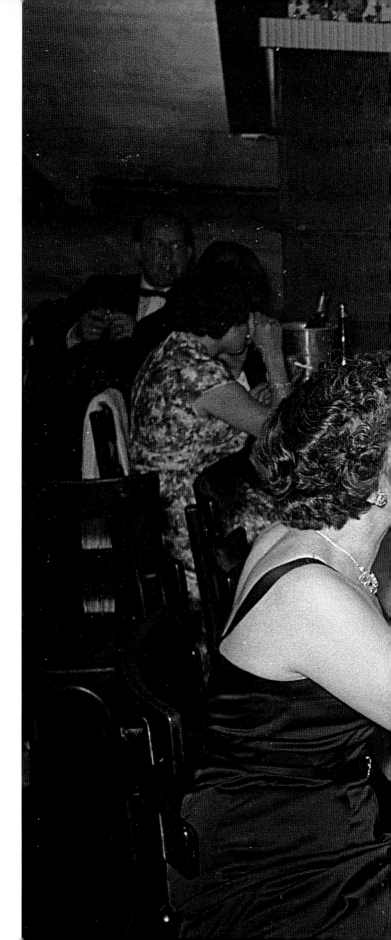

Vorhergehende Doppelseite:
← + →
Saarbrücker Wirtshausleben 1955, aus einer Reportage „Saarbrücken bei Nacht"

Diese Doppelseite:
↑ + →
Französischer Abend im Johannishof, 1957

→ Werbung von Walter Barbian, Mitte der 1960er Jahre

BILDREPORTER

WALTER BARBIAN

SAARBRÜCKEN

Gustav-Bruch-Straße 42 · Telefon 23510

Freier Mitarbeiter

von Tageszeitungen und Jllustrierten

Die Fotos auf den im Fotoverzeichnis

angegebenen Seiten wurden von

Walter Barbian mit der LEICA M 3

aufgenommen.

Die nebenstehenden Bilder

sind Aufnahmen aus dem Theaterleben

des Saarbrücker Landes- und

Stadttheaters.

Lebendige Unordnung –
Die Fotografie Walter Barbians

1

Negativ – Positiv: was hell ist, wird dunkel, was dunkel ist, wird hell … Der kleine Junge hat mit seinen gerade mal fünf Jahren Mühe zu verstehen, was da eigentlich in der Dunkelkammer unter dem Vergrößerungsgerät geschieht, wenn seltsam verkehrte Bilder auf das Fotopapier geworfen werden und dann wie von Geisterhand im Entwicklerbad nach und nach auf dem zunächst weißen Papier so erscheinen, wie man sie zuvor durch den Fotoapparat gesehen hat. Unablässig zeigt ihm der Vater den Vorgang, die Abzüge türmen sich im Fixierbad, werden eilig gewässert und kommen auf die heißen Platten der riesigen Trockenmaschine. Alles geht blitzschnell, denn die Bilder müssen „zur Zeitung". Für den kleinen Jungen ist das Reich des „Labors" mit seinen Apparaturen, dem Rotlicht, den Bädern und Chemikalien, dem Wechsel von Hell und Dunkel eine Welt, die ihm ebenso Respekt einflößt, wie sie ihn in Erstaunen zu versetzen vermag. Es wird noch Jahrzehnte dauern, bis er alles verstanden hat, aber schon jetzt schiebt er fasziniert den selbstgezimmerten Rahmen für die Fotopapiere unter dem vom Vergrößerer projizierten Negativbild umher; der Vater hat ihm gezeigt, wie man eine Person, ein Objekt heranholen oder verkleinern kann, wie man Dinge in den Bildausschnitt holt und auch wie man sie gezielt weglassen kann.

Viele Jahre später erinnert sich der Junge daran; er ist inzwischen Kameramann geworden und dreht Filme. Und wenn sich die Schauspieler durch seinen Sucher bewegen und die Kamera fährt, dann ist er wieder da, dieser Rahmen in Form seines Bildausschnitts, den er hin und her schieben kann, mit dem er Bildelemente hinzufügen oder weglassen, Gesichter heranholen oder in dem er Totalen gestalten kann. Und er merkt, dass all die Prinzipien, Mittel und Techniken, von denen er in seinem Filmstudium, in Kursen und Praktika erfahren hat, das nicht aufwiegen können, was er damals als Kind im Labor des Vaters erlernt hat, um es nun instinktiv anzuwenden.

Überhaupt erinnert sich der Junge heute häufiger an seinen Vater, vor allem, wenn er im Archiv die unzähligen Aufnahmen bearbeitet, Anlässe, Daten und Namen zusammen sucht und Orte in den Negativen bestimmt. Dann erinnert er sich deutlich an die vielen Fahrten in Papas Auto: kein Winkel der Stadt, an den er ihn nicht geführt, kein Blickpunkt, den er ihm nicht gezeigt hätte. Jeder Ort wird im Laufe der langwierigen Arbeit wiedererkannt, auch solche, die schon

Frank W. Barbian

lange nicht mehr existieren. Und selbst vieles von dem, was verschwunden ist, lebt in der Erinnerung wieder auf und deckt sich mit dem, was der Vater auf seinen Bildern hinterlassen hat. Bereits vor dem Krieg interessierte sich Walter Barbian für Fotografie. 1919 im französisch besetzten Saargebiet geboren, wuchs er im Saarbrücker Stadtteil Malstatt als ältester von zwei Söhnen einer Kaufmannsfamilie auf. Wie alles genau begann, weiß niemand mehr; geblieben sind nur seine Erzählungen: Wie er seine erste Kamera aus einer Schachtel selbst gebaut hat, wie er ohne Dunkelkammer, ohne Vergrößerungsgerät seine ersten Abzüge hergestellt hat, indem er Planfilmnegativ und Fotopapier im Kontaktverfahren dem Sonnenlicht ausgesetzt und dann in der abgedunkelten Küche entwickelt hat. Schließlich leistete er sich den ersten Fotoapparat, eine kleine Laufbodenkamera mit Balgenauszug. Mobil musste er damit sein, denn ihn interessierten vor allem Menschen und Ereignisse. Dabei wollte er sein, nahe am Geschehen, und so hätte der berühmte Satz von Robert Capa sein eigener sein können: „Wenn das Foto nicht gut ist, warst Du nicht nahe genug dran." Es ist wie eine Ankündigung, wie ein Auftakt, wenn eine der allerersten Aufnahmen des Archivs Adolf Hitler zeigt, wie er eine tosende Menge in den Straßen Saarbrückens durchquert. Bis zum Ende des 20. Jahrhunderts sollte er als Fotograf von nun an die Saarländer und seine Heimatstadt Tag für Tag mit seiner Kamera begleiten.

Doch zuvor hatte der Krieg ihm „die Jugend gestohlen", wie er später manches Mal bedauerte. Bald nach dem Anschluss des Saarlandes ans Deutsche Reich wurde er zum Arbeitsdienst einberufen und von dort bei Kriegsausbruch, mit 20, direkt zur Luftwaffe. Ein Abschied von der Fotografie war diese Zeit derweil nicht, begann dieser Krieg doch zunächst einmal mit … Fotografie. Bei der Luftaufklärung fotografierte Walter Barbian britische Kriegsschiffe über der Nordsee, wurde abgeschossen und trieb in einer Januarnacht fünf Stunden im Wasser, bevor man ihn auffischte. Die Negative hatte er natürlich bei sich. Später dann kam er nach Russland, fotografierte die endlosen Ebenen auf dem ersten Agfa-Farbdiafilm, aber auch Ereignisse, die nicht ins Soldatenalbum gehörten, wie Hinrichtungen von „Partisanen". Es war wie ein Trieb, Geschehnisse festzuhalten, zu denen Walter Barbian nicht unbedingt eine eigene Haltung hatte, die aber sein fotografisches Interesse weckten. Selbst als Wehrmachtsangehörigen der schlichte Besitz eines privaten Fotoapparates unter Androhung des Kriegsgerichts verboten wurde, konnte er es nicht lassen und nähte den seinen in ein Kopfkissen ein, um weiterzumachen.

Wie so mancher seiner Generation erzählte er nicht viel vom Krieg; nur an Weihnachten kamen ab und an Erinnerungen hoch, wie jene an Weihnachten 1941, als er schon die Lichter Moskaus sah, als vollkommen überraschend die sowjetische Offensive begann und die Russen förmlich „aus allen Löchern" zu kommen schienen: „Was sinn mir gerannt!", sagte er ins Leere blickend vor sich hin, und man spürte einen Hauch der Panik, der er damals ausgeliefert gewesen sein

Lebendige Unordnung – Die Fotografie Walter Barbians

musste. Eine Schussverletzung rettete ihn vor Stalingrad und er kam in die Sahara. Im Soldatenalbum stehen sich die beiden Fotos gegenüber: links im Wintermantel, sperrig wie ein Schrank, rechts in Tropenuniform. „Ich hab' vielleicht gejauchzt … !", kommentierte er diesen Wendepunkt stets, denn er hasste die Kälte und ertrug stoisch brütende Hitze.

2

War es die vom Krieg konfiszierte Jugend, war es die Flucht aus dem allzu engen kaufmännischen Elternhaus? Walter Barbian ließ sich nichts mehr verbieten und war von einem ausgeprägten Freiheitsdrang getrieben: Drei Mal in Kriegsgefangenschaft, drei Mal von dort ausgebrochen, kehrte er 1946 in seine zu 70% in Trümmern liegende Heimatstadt zurück. Selten oder gar nicht sprach er vom Saarbrücken vor dem Krieg: Was musste er angesichts des ungeheuren Desasters empfunden haben? Was ging in diesem Moment in ihm vor? Er hatte überlebt und griff zur Kamera, er dokumentierte die Zerstörungen, wandelte in endlosen Fußmärschen durch die Ruinenlandschaft. Stapelweise zeugen Ordner von dieser „Stunde Null", reihenweise führen seine Aufnahmen durch das zur Unkenntlichkeit zerbombte Alt-Saarbrücken, vorbei an einzeln übrig gebliebenen Häusern und Kirchtürmen inmitten dem Erdboden gleichgemachter Viertel. Und immer wieder führen sie uns an den Ludwigsplatz, von dessen Gebäuden nur noch ein paar Mauern wie verkohlte Rümpfe dastanden.
Aber nicht alles war zerstört; Walter Barbian suchte und fand die Winkel, die überlebt hatten, eher so zufällig, wie er selbst überlebt hatte. Die meisten dieser Winkel existieren heute nicht mehr, haben nach dem Anschluss an die Bundesrepublik dem „modernen" Saarbrücken Platz gemacht, und so ist er mit seinem Fotoapparat wieder Zeuge eines Moments, eines Saarbrückens zwischen den Zeiten. Dabei sind diese Aufnahmen sogar recht untypisch für einen Fotografen, dessen wichtigste Inhalte beharrlich Menschen und Ereignisse waren. Alles andere hatte für ihn fotografisch keinen Bestand, und wenn der später nicht mehr ganz so kleine Junge, von einer Reise zurückgekehrt, dem Vater seine Landschaftsaufnahmen zeigte, so meinte der: „Sag' mal, warst Du eigentlich auf'm Mond? Da ist ja kein einziger Mensch drauf …".
In diesen Tagen der „Stunde Null" aber sind auch seine eigenen Aufnahmen auffallend menschenleer: Nur vereinzelt, wie übrig geblieben, zeigen sich die Saarbrücker scheu zwischen den Trümmern ihrer Häuser, und eine seltsam rauchig-melancholische Atmosphäre ist in diesen Bildern lesbar, was nur bedingt der mangelhaften Qualität der damals verfügbaren Filmmaterialien zuzuschreiben ist. Welch ein abweger Gedanke in dieser Zeit, von Fotografie leben zu wollen! Um sich den Lebensunterhalt zu verdienen, überführte er Autos der Marke Panhard, setzte sich in den Zug nach Paris, wo er noch einige Monate zuvor als deutscher Soldat die Auf-

Frank W. Barbian

↑
Mittelstreckenlauf beim Sportfest auf dem Kieselhumes, 1953

←
Am Eingang des Gebäudes der „Saarbrücker Zeitung", 1952

Lebendige Unordnung – Die Fotografie Walter Barbians

stände miterlebt hatte, und fuhr die fabrikneuen Fahrzeuge ins Saarland. Als Vertreter für französische Tapetenhersteller schlug er sich durch, aber dieses vom Vater aufgedrängte Metier lag ihm nicht. Sobald die neu erschienenen Zeitungen und Zeitschriften wieder in der Lage waren, Fotos zu veröffentlichen, bot er ihnen die seinen an.

„Auf Grund Ihrer Bewerbung und Ihrer persönlichen Vorsprache sind wir bereit, Sie ab sofort als Angestellten in unsere Versand-Abteilung einzustellen. Die ersten vier Wochen gelten als Probezeit." So der Wortlaut des Schreibens des Presse-Verlages Saarbrücker Zeitung vom 8. September 1947. Dass aus den vier Wochen Probezeit einmal rund 45 Jahre Zusammenarbeit werden sollten, wäre damals wohl selbst ihm vollkommen absurd erschienen. Und ob er sich zum Presse-Verlag hatte vermitteln lassen, um von dort aus die nötigen Kontakte in die Redaktionen knüpfen zu können, ist wohl nicht mehr zu klären. Tatsache aber ist, dass ab 1948 die ersten eigenen Bilder in der „Saarbrücker Zeitung" erschienen, parallel dazu aber auch in den zahlreichen damals existierenden Sportzeitungen wie „Sport-Welt", „Sport-Echo" oder „Sport Express". In einem Schreiben der „Sportverlag GmbH Berlin" von Januar 1948 werden die 15 Reichsmark für eine Veröffentlichung im „Deutschen Sport-Echo" mit den Kosten für ein Abonnement des selbigen Sportblattes verrechnet.

Denn diese ersten Veröffentlichungen waren nicht ganz zufällig Sportbilder. Wie viele Saarländer in der Nachkriegszeit war auch Walter Barbian restlos „sportvernarrt" – wohl bemerkt nicht wie die meisten heute vorm Fernseher, sondern sozusagen „in natura" auf dem Sportplatz. Kaum eine Sportart, die er nicht ausprobierte: Segeln, Kugelstoßen, Skilaufen, Hammerwerfen, Hürdenlauf und Segelfliegen sind nur schnell aus der Erinnerung gezogen. Über den blanken Zeitvertreib hinaus aber ging seine Aktivität in der Leichtathletikabteilung des SV Saar 05, wodurch er regelmäßig in die Bestenlisten gelangte, und sein Platz als Torhüter der saarländischen Handballnationalmannschaft. Angeblich hat ihm das, außer einer Nierenprellung bei einem Länderspiel in Madrid, ein Albumsammelbild mit seinem Konterfei in Zigarettenschachteln beschert. Leider scheint aber kein Exemplar dieses Albums „berühmter saarländischer Sportler" heute noch erhalten zu sein.

Um seine neue berufliche Aktivität ausweiten zu können, rüstete er sich mit Informationen. Ein Terminkalender des Jahres 1948 ist von Januar bis März vollgeschrieben mit Adressen von Verlagen, Zeitschriften, Zeitungen, Foto- und Presseagenturen aus dem Saarland, Deutschland, Frankreich, der Schweiz, Österreich und England. Im Juli stehen sich noch die Kontoführung für seinen Vater und die Punktetabelle für Gewichtheben, Stein- und Hammerwerfen gegenüber: „30m = 30 Punkte, 34,50m = 45 Punkte, je 30cm 1 Punkt". Am 7. August ein kurzer Eintrag „Landesmeisterschaft im Rasenkraftsport Neunkirchen"; dann geht es im November 1948 endlich richtig los. Die ersten Einträge über Veröffentlichungen und Honorare: „'Illus' 7000,-" oder „'Neue Zeit' C.G.T. Streik 2 Bilder à 300,-". Am 12. November schon einen Termin mit Zarah

Frank W. Barbian

Leander, um 19 Uhr – beruflich oder privat ist im Terminkalender nicht vermerkt, bei Walter Barbian konnte man sich da nie so ganz sicher sein ...

Auch rüstete er sich mit handwerklichen Fertigkeiten. Barbian war unbeirrbarer Autodidakt, nie hätte er einen schulischen Weg wie etwa eine Lehre beschritten, um die Fotografie zu erlernen. Dazu hatte er es zu eilig, denn das Leben vor dem Objektiv wartete auf ihn. Stattdessen sammelte er alles, was er zur Fototechnik finden konnte, in einem kleinen Heft. Entwicklungszeiten für „Dokumentenfilm Ortho", Wirkungen von Grün-, Gelb- oder Rotfiltern in der Schwarz-Weiß-Fotografie: „Landschaft Orange günstig, Haut schlecht - Grünfilter für Haut besser; Blaufilter Lippen kräftig; Sommersprossen weg: Gelbfilter". Seine Negative entwickelte er in Rodinal, 1:20 bei 20°C, einem Filmentwickler von AGFA, den es bereits seit 1891 gab, der noch heute verkauft wird und damit als das am längsten auf dem Markt befindliche Produkt für Fotografie im Guinness Buch der Rekorde steht.

All diese Informationen zu finden war eine Sache; eine andere Sache war es, sich in der Nachkriegszeit die nötigen Filmmaterialien und Laborchemikalien zu beschaffen. Anfangs nahm Barbian, was er auftreiben konnte: den Kleinbildfilm Panatomic-X von Kodak Frankreich, ADOX Roll- bzw. Kleinbildfilme KB 14 und KB 17 aus Berlin oder Panchro Filme von Gevaert Belgien. Später erst schwört er auf die Ilford Schwarz-Weiß-Filme für die Aufnahme und die AGFA Record Rapid und Brovira Barytpapiere für die Fotoabzüge. Bis ins Jahr 2000 behielt er diese Kombination bei, als die digitale Revolution bereits begann, die Photochemie hinwegzufegen. Für ihn, der bei allen Innovationen stets begeistert dabei gewesen war, war diese letzte zu tiefgreifend, als dass er im Alter von 80 Jahren noch die Energie aufgebracht hätte, sie zu verfolgen.

Zur Jahreswende 1948/49 hatte er andere Sorgen: Um seine Fotoausrüstung zu finanzieren, lieh er sich Geld von den Eltern. Als er das später nicht zurückzahlen konnte, wurde er kurzerhand enterbt. Doch der Bruch mit den Eltern war schon lange zuvor vollzogen und Walter Barbian dabei, das triste Vertreterdasein endgültig abzuschütteln, um sich ausschließlich dem Fotografieren widmen zu können.

3

Nun war er dabei, als begonnen wurde wieder aufzubauen. Auch hier: stapelweise Ordner mit dem Vermerk „Wiederaufbau", komplette Reportagen über die Trümmerbahn zum Ludwigspark, den Wiederaufbau der Schanzenbergbrücke über die Saar 1948 und immer wieder den Ludwigsplatz. Über Jahre hinweg wird er hierhin zurückkehren und die Rekonstruktion dieses schönsten Rokokoplatzes Europas begleiten. Er beobachtet Maurer und Zimmerleute, besucht

Lebendige Unordnung – Die Fotografie Walter Barbians

die Restauratoren in den Bauhütten mit ihren hunderten von zerschossenen und verstümmelten Steinfiguren. Er begleitet die Bildhauer von ihren Ateliers bis auf den Turm beim Aufstellen der Skulpturen in schwindelnden Höhen. War es in dieser Zeit, dass er sein ausgesprochenes Bedürfnis nach besten Standpunkten, interessanten Perspektiven entwickelte? Stets suchte er nach dem passenden Blick auf ein Ereignis, versuchte er das Geschehen vorauszusehen, um im richtigen Moment auf der geeigneten Seite zu stehen. Oft zog es ihn dabei in die Höhe, wie bei seinen Aufklärungsflügen, um dem Betrachter Panoramen zu bieten, die ihm sonst meist nicht zugänglich waren. So kannte Walter Barbian bald die höchsten Dächer, Kirchtürme und Sendemasten Saarbrückens, stieg unerschrocken selbst auf enorme Gasometer und erklomm beim Richtfest des Totobades den noch unfertigen Sprungturm, um anwesende Gäste und im Rohbau befindliche Anlagen in einem Bild vereinen zu können.

An allen Ecken wurde gebaut, und er wollte dabei sein, wenn die Stadt, die er kannte, sich wandelte, wenn Neues entstand und die Viertel sich mit Leben füllten. Doch fast jedes Mal, wenn zu dieser Zeit (und auch noch lange nach dem Krieg) irgendwo eine Baugrube ausgehoben wurde, fand sich fast wie selbstverständlich auch ein Blindgänger dort. Kaum waren Polizei und Feuerwehr benachrichtigt, klingelte auch bei Barbian das Telefon. So am 30. Mai 1952, als Arbeiter bei Straßenausbesserungsarbeiten am Rodenhof nur zehn Zentimeter unter dem Gehsteig eine voll intakte englische Fliegerbombe fanden. Herbeigeeilt, begegnete Barbian, wie so oft, dem Bombenentschärfer Fritz Hermkes von der Abteilung Desarmierung des Ministeriums für Arbeit und Wohlfahrt. Diese illustre Figur der Nachkriegszeit verrichtete ihren riskanten Beruf bereits seit über zehn Jahren, und so kannten Hermkes und der Fotograf sich über diese häufigen, unfreiwilligen Zusammenkünfte bald so gut, dass der Sprengmeister Fotos der Blindgänger aus nächster Nähe zuließ. Der Leser war sozusagen unmittelbar dabei, wenn Hermkes, sein Leben aufs Spiel setzend, den Zünder der oft eine halbe Tonne schweren Bombe herausschraubte. „So, Walter, jetzt gebbts e' bisje brennzlisch!", meinte er dann, wenn der Moment gekommen war, an dem der Fotograf sich besser hinter den schützenden Erdhaufen verziehen sollte. 1952 widmete die saarländische Illustrierte ILLUS Hermkes und seinem Sprengmittelräumdienst gar eine eigene mehrseitige Fotoreportage, in der man miterleben konnte, wie es die Herren Feuerwerker im Stadtwald ganz gewaltig krachen ließen.

In dieser Zeit fotografiert Walter Barbian meist in zwei verschiedenen Aufnahmeformaten. Zum einen besaß er eine „zweiäugige" Rollei, die sich, seit 1928 gebaut, großer Beliebtheit erfreute, die aber für den Bereich des Fotojournalismus den Nachteil besaß, dass auf die Rollfilme nur zwölf Aufnahmen im Mittelformat 6 x 6 passten. Dann musste nachgeladen werden und man lief Gefahr, einen wichtigen Moment zu verpassen. Auch der Transport des Films von Aufnahme zu Aufnahme mit Hilfe der seitlich ausklappbaren Handkurbel kostete mitunter entscheidende Sekunden. Zwölf Aufnahmen, Zeit für Transport und Spannen – wenn er

Frank W. Barbian

auslöste, musste sich ein Fotograf damals vor allem eines sicher sein: des richtigen Moments. Wann schütteln Minister und Staatsbesucher sich die Hände, in welchem Moment schießt der Stürmer den Ball in Richtung Tor, wann sprüht der Stahlkonverter seinen Funkenregen über die Köpfe der Arbeiter. Mit diesem Apparat konnte oft nur eine einzige Aufnahme die richtige sein, und es lag am Gespür des Fotografen, ob es der richtige Augenblick war, den er einfing. Fatal, kehrte er von einem Termin zurück und der entwickelte Filmstreifen zeigte den Moment davor, den Moment danach, aber der Moment, in dem das Eigentliche geschehen war, lag „zwischen den Bildern"!

In einem Aufsatz von 1952 über seine eigene Arbeit sprach der französische Fotograf Henri Cartier-Bresson vom sogenannten „Instant décisif", dem entscheidenden Moment, den er stets in traumwandlerischer Sicherheit festzuhalten wusste, und brachte diese Fähigkeit gerne mit der Philosophie des Zen-Buddhismus in Verbindung. Walter Barbian hingegen lag nichts ferner als Spiritualität, vielmehr hatte dieses Gespür bei ihm mit Begeisterung zu tun. Er interessierte sich für alles, was um ihn herum geschah, wollte dabei sein, nahm mit allem und jedem in beneidenswerter Leichtigkeit Kontakt auf. Vielleicht verlieh ihm das seine Intuition, die Ahnung für das, was vor seinem Objektiv geschehen würde, die augenblickliche Gewissheit, dass nun der richtige Moment kommen würde, den Auslöser zu drücken.

Das andere Format, in dem er schon vor dem Krieg begonnen hatte und auf dem er bis an sein Lebensende arbeiten sollte, war das Kleinbild 24x36 mm, das Format des Erfinders Oskar Barnack, mit dem die Leica (Leitz-Camera) 1925 die Fotografie revolutioniert hatte, weil schlicht 35-mm-Kinefilm aus Filmkameras in einem kleinen handlichen Apparat verwendet wurde. Auf diesen Film gingen bis zu 36 Aufnahmen, Filmtransport und Wechsel waren vergleichsweise rasant, und so verlieh die Leica gerade dem Fotojournalismus eine folgenreiche Mobilität und enorme Beschleunigung. Nun erlaubte es dieser Apparat zwar, mehr Aufnahmen in kürzerer Zeit zu „schießen", dennoch nahm er es dem Fotografen nicht ab, den „Instant décisif" zu finden. Auch Cartier-Bresson fotografiert mit einer Leica und blieb dabei sehr sparsam beim Ablichten zeitlicher Abläufe. Auch als später motorisierte Filmtransporte es erlaubten, vier, acht, gar zehn Aufnahmen pro Sekunde zu schießen, konnte man sich durchaus nicht sicher sein, dass der gesuchte Augenblick auch wirklich dabei war und sich nicht wieder irgendwo „zwischen den Bildern" befand.

Die Verteilung der Aufnahmeformate im Archiv Walter Barbian legt nahe, dass bei Ereignissen, die eine gewisse Schnelligkeit und Mobilität voraussetzten, eher Kleinbild zur Verwendung kam. Während des sehr turbulenten Abstimmungskampfes um das Saarstatut 1955, bei den Kundgebungen der Befürworter und der Gegner und den nicht selten gewalttätigen Ausschreitungen, die damit verbunden waren, benutzte er fast ausschließlich das handliche, schnelle Kleinbildformat; sicherlich, um in der überhitzten Atmosphäre auf unvorhergesehene

Lebendige Unordnung – Die Fotografie Walter Barbians

Geschehnisse angemessener reagieren zu können, aber auch, um über eine größere Reserve an Aufnahmen zu verfügen. Denn wenn er verschiedene Redner über mehrere Stunden verfolgen wollte und darüber hinaus auf Ereignisse im Umfeld vorbereitet sein musste, dann bedeutete eine Autonomie von 36 Aufnahmen pro Film schlicht dreimal weniger Filmwechsel; ganz abgesehen von der Tatsache, dass das Filmeinlegen in der Leica – im Vergleich zum Mittelformat – schon damals ausgesprochen rasant vonstatten ging.

Am 28. August 1957 war das Saarland gerade neues Bundesland Deutschlands geworden, wirtschaftlich aber noch bis zum Juli 1959 Frankreich angeschlossen. Auf einer Serie von Negativstreifen im Kleinbildformat, die dieses Datum tragen, sieht man einen etwas kräftigen Mann mit bulligem, fast quadratischem Kopf und einer dicken Zigarre im Mund, entschiedenen Schrittes vom Bahnhof kommend durch die Straßen Saarbrückens laufen. Ludwig Erhard, einen kleinen Tross von Sekretären im Schlepptau, inspiziert Schaufenster, diskutiert mit Marktfrauen, fühlt die Temperatur der saarländischen Wirtschaft, bevor sie Teil der seinen wird. Zwar ist er zu Fuß in der Landeshauptstadt unterwegs, aber seine Haltung, sein Schritt, alles zeigt uns, dass der Mann es eilig hat. Auch bei diesem Anlass ist Kleinbild die richtige Wahl, erlaubte es doch besser, im Laufen oder bei Ortswechseln rapide den Fotoapparat ans Auge zu reißen, den Bildausschnitt anzusetzen und auszulösen.

Im Gegensatz dazu verwendete Barbian das circa dreimal größere Aufnahmeformat 6x6 in der zweiäugigen Rollei gerne für umfangreiche Reportagen. Nicht nur, dass sich dieses größere Negativ aufgrund seiner höheren Auflösung und größeren Schärfeleistung besser für Vergrößerungen in Illustrierten, aber auch für Ausstellungsbilder eignete, es war auch dank seines quadratischen Seitenverhältnisses und seiner geringeren Schärfentiefe ein ästhetisch sehr interessantes Format. Als besonders schönes Beispiel könnte man die Reportage anlässlich der Abfahrt der saarländischen Olympiamannschaft nach Helsinki 1952 nennen. Es sind ein bestimmter Ort, eine im Voraus festgelegte Uhrzeit und ein vorhersehbarer Ablauf, die Walter Barbian die Formatwahl treffen lassen, um dabei zu sein, wenn der Peter-Götten-Reisebus mit den Sportlern aus dem ganzen Saarland den Bahnhofsvorplatz verlässt, wo zuvor eine überschaubare Menge die einheimischen Olympioniken verabschiedet hatte. Eine fast kindliche Freude ist allen Beteiligten ins Gesicht geschrieben, und der enthusiastische Abschied erlaubt es dem Fotografen, seine Motive zusammenzustellen und in aller Ruhe die geeignete Auswahl zu treffen. Bis Anfang der siebziger Jahre fotografierte Barbian parallel noch regelmäßig mit der Rollei.

Ein weiterer, sehr spezieller Vorteil der „Zweiäugigen" lag in ihrem so genannten Schachtsucher: Anstatt in gleicher Achse wie die Optik durch den Sucher in Richtung der zu fotografierenden Person zu schauen, blickte man vertikal von oben in einen Schacht auf die Mattscheibe, die das Bild seitenverkehrt sichtbar machte. Was auf den ersten Blick kompliziert erschien,

↗
Ludwig Erhard bei seiner Inspektionsreise durchs Saarland (hier in Völklingen), August 1959

→
Abfahrt der saarländischen Olympiateilnehmer vor dem Saarbrücker Hauptbahnhof, Juli 1952

Lebendige Unordnung – Die Fotografie Walter Barbians

konnte sich in bestimmten Situationen durchaus zum Vorteil wenden: Durch den Blick von oben in den Schacht hielt man den Fotoapparat nämlich nicht auf Augenhöhe, sondern vor der Brust. Durch diese diskrete Haltung bekam die betreffende Person nicht unbedingt mit, dass sie fotografiert wurde, nahm der Fotograf doch keinen direkten Blickkontakt mit ihr auf. Die Kamera in Augenhöhe am Kopf kann hingegen mitunter als aggressiv wahrgenommen werden; zumindest aber wird der Fotograf deutlich schneller registriert. In so mancher Situation aber war es nötig, möglichst viele Aufnahmen gemacht zu haben, bevor man bemerkt wurde.
Als Barbian im Herbst 1948 die Grenze nach Frankreich überquert, um dort über das militärische Vorgehen gegen einen Bergarbeiterstreik zu berichten, weiß er, dass Fotografieren unerwünscht sein würde. Er macht diskret einige wenige Aufnahmen, gerade das, was er braucht, und wechselt den Film. Als er kurz danach bemerkt wird und man ihn auffordert die Kamera auszuhändigen, hat er die eigentlich wichtigen Aufnahmen bereits sorgsam in seiner Kleidung versteckt. Die französischen Behörden konnten getrost den falschen Film vernichten, die Berichterstattung über die Ereignisse erschien wie geplant am nächsten Tag mit Bild.

4

Walter Barbian ließ sich ungern etwas verbieten. Seine ganze Jugend über und noch in der direkten Nachkriegszeit hatte er Einschränkung, Verbote, erzwungenen Verzicht erlebt. Zumindest in seiner Arbeit ließ er sich nun nicht mehr sagen, was er zu tun oder zu lassen hatte, und der schiere Versuch, ihm das Fotografieren zu untersagen, stieß bei ihm derart auf Unverständnis, dass er nicht mehr locker ließ, bis er seine Aufnahmen letztendlich doch noch bekam. Während des Abstimmungskampfes um das Saar-Statut erhielt die saarländische Regierung Besuch vom römischen Wahlbeobachter, der mit Johannes Hoffmann eine mögliche Unterbrechung des Wahlkampfes als Konsequenz der gewalttätigen Ausschreitungen erörtern wollte. Das Treffen an der französischen Grenze bei Güdingen sollte nicht an die große Glocke gehängt werden, vor allem wollte man verhindern, dass Bilder davon an die Öffentlichkeit kämen. Barbian hatte sich in einer Holzhütte verschanzt und fotografierte unbemerkt durch einen Spalt zwischen den Brettern.
Zu Beginn seiner Tätigkeit fuhr er noch auf dem Motorrad von Fototermin zu Fototermin. Überhaupt gab es kaum einen Führerschein, den er nicht besaß: PKW, LKW, Motorrad, Sattelschlepper, Kettenfahrzeug, Pilotenschein und sogar eine Fahrerlaubnis für Amphibienfahrzeuge. Walter Barbian war stets bestens motorisiert, denn Mobilität war die Grundvoraussetzung seines Berufes. 5000 Kilometer pro Monat sollte er später in kurzen und mittleren Distanzen kreuz und quer durchs Saarland zurücklegen und dabei ein beachtliches Sammelsu-

Frank W. Barbian

← + ↑
Folgen der Überschwemmungskatastrophe in Holland, Februar 1953

Lebendige Unordnung – Die Fotografie Walter Barbians

rium verschiedenster Fahrzeugtypen regelrecht „zerfahren", denn Kilometerstände jenseits der 300.000-Marke waren bei ihm keine Seltenheit.

Wohl das einzige Mal, dass Barbian nicht mit dem eigenen Gefährt unterwegs sein konnte, war bei einem Einsatz Anfang Februar 1953. In der Nacht vom ersten auf den zweiten Februar waren im südlichen Holland in Folge einer Jahrhundert-Sturmflut die Dämme gebrochen. Tausende starben in den Fluten, die ganze Region Schuwen-Duiveland stand unter Wasser, als die saarländische Regierung entschied, einen Hilfskonvoi der Gendarmerie zu entsenden. Walter Barbian kam zufällig vorbei, sah die letzten Vorbereitungen und entschloss sich kurzerhand zum Mitfahren. Ohne persönliches Gepäck, ohne Kleidung, nur mit seiner Fotoausrüstung ausgestattet, fuhr er mit der saarländischen Gendarmerie ins Katastrophengebiet. Heraus kam dabei eine packende Reportage, in welcher die Leser der Illustrierten „Tele" am 27. Februar 1953 den Ablauf der Hilfsaktion im von den Fluten verwüsteten Gebiet verfolgen konnten.

Obwohl er für sein Leben gerne reiste und sich die Welt ansah, identifizierte er sich wie kein anderer mit dem Saarland und seiner Heimatstadt. Er arbeitete am liebsten dort, wo er wohnte, wo er „Gott und die Welt" und die Gegend wie seine Westentasche kannte und die Leute ihn wie einen „bunten Hund" kannten. Im Stadtgeschehen waren ihm die seltsamsten Originale vertraut, mit Ministern war er unverblümt per „Du". Als Oskar Lafontaine zu Beginn seiner politischen Karriere ein paar Fotos für seine ersten Flugblätter brauchte, da kam er ein paar Häuser weiter beim Walter vorbei, die beiden liefen über den Rotenbühl und schossen dabei ein paar Aufnahmen.

Warum sollte er überregional Karriere machen, als Fotograf mehr im Flugzeug sitzen als durch seinen Sucher schauen, im Minutentakt die „dpa" bedienen und Menschen ablichten, zu denen er keinerlei Bezug hatte? Wenn überregionale Zeitungen Fotos brauchten, dann sollten sie kommen, und das taten sie auch regelmäßig - das Saarland verließ er deswegen noch lange nicht. Den Alltag der Provinz zu begleiten, von ihren kleinen Sensationen zu berichten, das hatte ihn nie gestört, im Gegenteil. Walter Barbian wuchs in einer Zeit in seinen Beruf hinein, als das Saarland noch sich selbst genügte, und manchmal ist es, als spräche diese freudige Selbstgenügsamkeit aus den Gesichtern der Menschen auf seinen Bildern. Jeder Anlass, sportlicher, kultureller oder politischer Natur, wurde gefeiert und war gut genug, Zehntausende anzulocken: Die Tour de France kam über Saarbrücken, Silvana Mangano ins Passagekino, Zarah Leander in den Gloria Palast und das griechische Königspaar ins Hotel Excelsior.

Walter Barbian liebte seine Heimat ohne Sentimentalität und ohne jegliches Pathos. Als er hier nach dem Krieg seine berufliche Laufbahn begann, hatte er bereits viel von der „großen, weiten Welt" gesehen – das Saarland reichte ihm nun. Schnell hatte er die saarländische Autonomie zu schätzen gelernt und sich den Europagedanken zu eigen gemacht. Tiefe Abneigung gegen

Frank W. Barbian

↑
Der Abschied des „Dicken": Joho am Gartentor seines Privathauses, nach 1955
←
Das griechische Königspaar verlässt das Hotel „Excelsior", 1953.

Lebendige Unordnung – Die Fotografie Walter Barbians

nationalistisches Pathos und die damit einhergehende propagandistische Hetze trennten ihn von den deutschen Heimatbund-Parteien, und noch kurz vor seinem Tod am 13. Dezember 2005 beschimpfte er deren damalige Agitatoren auf offener Straße. Er brauchte keinen „Sarre"-Aufkleber am Heck seines Wagens, keine modische Saarnostalgie – er hatte damals schlicht aus Überzeugung mit seinem „Ja" zum Saar-Statut gestimmt. Nie machte er einen Hehl daraus, ein Anhänger Johannes Hoffmanns gewesen zu sein, auch dann nicht, als viele es für angebracht hielten, dies zu verbergen. Fast täglich begleitete er den Weg des „Dicken" bis zum Referendum über das Saarstatut am 23. Oktober 1955, und als Hoffmann sich nach seinem Scheitern aus der Politik zurückzog, fotografierte Barbian ihn noch ein letztes Mal vor seinem Haus in der Graf-Philipp-Straße, wie er als Privatmann das Tor der Einfahrt schließt.

Warum sollte seine Fotografie an diesem Ort der Welt schlechter gelingen als in Berlin, Paris oder New York? Künstlerische Einflüsse auf seine Arbeit interessierten ihn nicht; zwar kannte er persönlich den Dozenten für Fotografie an der Werkkunstschule, Otto Steinert, aber dessen experimentelle, sich von der „Wirklichkeit" abwendende Tendenz blieb Barbian fremd. Auch war er alles andere als ein Perfektionist, feilte nicht gerne an Details, Gradation oder Retusche herum. Dazu war er zu ungeduldig; er griff ungestüm aus dem Leben, egal ob dabei der Protagonist nicht genau im Goldenen Schnitt saß, der Horizont etwas in Schieflage geriet oder mal ein Fuß abgeschnitten war. Die Wahrheit lag anderswo.

Der große amerikanische Kameramann Conrad Hall („Butch Cassidy & Sundance Kid", „American Beauty"), von dem sich der kleine Junge viele Jahre später einmal bewundernd so einiges abschauen sollte, sagte einmal: „Es liegt eine Schönheit im Unperfekten". Und so ist es, als lebe die Fotografie Walter Barbians gerade davon, dass sie nicht schulisch komponiert und nicht akribisch zurecht gestutzt ist, dass er, ganz Saarländer, „fünf auch mal gerade" sein lassen konnte. Lebendige Unordnung: nicht schlimm, wenn Lichteinfall einen hellen Streifen geworfen hat, wenn das Negativ nicht ganz gleichmäßig entwickelt war oder Staub auf dem Abzug Flecken hinterlassen hatte – das Abgebildete sprach für sich, und tat es das nicht, war das Bild eben nicht gut, da half auch keine handwerkliche Perfektion. Der Junge kritisierte ihn später, als er auch anderswo noch einiges über Fotografie lernte, mitunter für das, was er für Schlampigkeit seitens seines Vaters hielt. Nur damals verstand er noch nicht …

5

Wenn mitten in der Nacht das Telefon klingelte, dann verhieß das meist nichts Gutes. Alles schlief längst, als es in der Nacht vom 17. auf den 18. Februar 1986 läutete; auch Walter Barbian schlief, aber vom Telefon wachte er stets auf. Er ahnte schon, dass etwas Schlimmes pas-

Frank W. Barbian

siert sein musste, denn oft genug hatte es während seiner Laufbahn als Fotograf nachts geklingelt, um ihn zu irgendeinem Unglück zu rufen. Und auch diesmal sagte er nur knapp: „Ja, ich komm sofort ..." Er griff die Fototasche, in der stets zwei Kameras einsatzbereit mit Film geladen waren, und sprang in den Wagen. Den Weg kannte er eh im Schlaf.

In dieser Nacht ging es zur Grube Camphausen. Eine Schlagwetterexplosion hatte in fast 900 Metern Tiefe sieben Bergleute getötet, eine Katastrophe, die mit einem Mal den Saarländern in Erinnerung rief, dass auch im postindustriellen Zeitalter noch Menschen unter der Erde arbeiteten und ihr Leben riskierten. Als er am Unglücksort eintraf und die Grubenwehr bei ihren Vorbereitungen zur Bergung fotografierte, gingen Barbian mit Sicherheit seine eigenen Bilder durch den Kopf, die er 24 Jahre zuvor vom großen Grubenunglück in Luisenthal gemacht hatte, als fast 300 Bergleute bei einer Schlagwetterexplosion ums Leben gekommen waren. Auch damals war es im Februar geschehen, und die Bilder gerieten ganz grau und trübe vom Nieselregen. Viel zu sehen gab es bei einem Grubenunglück nicht, geschehen war es ja tief unter Tage. Aber selbst das Wenige, das man auf Barbians Bildern sah, die gespenstische Ruhe zwischen den Fördergerüsten nach der Explosion, die Ungewissheit in den Gesichtern der Angehörigen, die am Tor auf Nachricht warteten, und dann die ersten Transporte mit Opfern, die vielen Särge, machten das Grauen unvermittelt deutlich. Als er am frühen Morgen des 18. Februar zurückkehrte und im Labor verschwand, die Filme zu entwickeln, eilig Abzüge zu machen, Negativ zu Positiv werden zu lassen, da war der Junge gerade aufgestanden und konnte sich vorstellen, dass sein Vater wohl lieber darauf verzichtet hätte, diese Bilder machen zu müssen.

Seine letzten Tage verbrachte Walter Barbian in einem Pflegeheim auf dem Reppersberg, keine zehn Schritte entfernt vom ehemaligen Wohnsitz des Ministerpräsidenten Hoffmann. Wieder hoch über den Dächern seiner Stadt, blickte er herab auf all die Orte und Geschichten, die er begleitet hatte, die Straßen, über die er unzählige Male gefahren war, auf den Fluss, den er unermüdlich fotografiert hatte und der sich alljährlich den Spaß erlaubte, über die Ufer zu treten. Da war das Malstatt seiner Kindheit, das Stadttheater, dessen Bau er mit angesehen hatte, in dem er die Verfassungsfeier des autonomen Saarstaates, die Vereidigung der Olympiamannschaft und später Bundespräsident Theodor Heuss fotografiert hatte. Die Bruchwiesen, das einzige Viertel, das von den hochtrabenden Plänen des französischen Architekten Pingusson übrig geblieben war; er hatte die Modelle für das „neue" Saarbrücken damals fotografiert und dann in einem der Hochhäuser der Bayernstraße gewohnt. Da war der aus dem Schutt wieder auferstandene Ludwigsplatz, der Eschberg, auf dem erst nur ein Hof gelegen war und den nun ein ganzer Stadtteil bedeckte; er war dabei gewesen, als die Autobahn sich durch die Stadt fraß und so manche schöne Ecke verschlang.

Die Häuser, die Menschen, die er gekannt hatte: Vieles davon war längst verschwunden, nun war es an ihm. Der Junge stand daneben, bedankte sich ein letztes Mal und nahm Abschied.

Lebendige Unordnung – Die Fotografie Walter Barbians

←
Vespafahrer verabschieden sich vor dem St. Johanner Rathaus bei der Abfahrt zum europäischen Vespatreffen in Straßburg, 1953.

Literaturnachweis

Literatur zum Aufsatz „Die Großstadt wird hundert" von Paul Burgard und Ludwig Linsmayer

R. Sennett, Fleisch und Stein. Der Körper und die Stadt in der westlichen Zivilisation, Berlin 1994

G. Paul, Visual History. Ein Studienbuch, Göttingen 2006

D. Bachmann-Medick, Cultural turns. Neuorientierungen in den Kulturwissenschaften, Reinbek 2006

K. Honnef, Die fotografierte Zeit. Jupp Darchinger: Die 50er und die beginnenden 60er Jahre, in: J. H. Darchinger, Wirtschaftswunder. Deutschland nach dem Krieg, 1952-1967, Köln 2008

Anonymus, Jubiläums-Ausstellung wird heute eröffnet, in: Saarbrücker Zeitung, Nr. 119, 27. Mai 1959

H. von Amelunxen, Die aufgehobene Zeit. Die Erfindung der Photographie durch William Henry Fox Talbot, Berlin 1989

Eugène Artget. Retrospektive, Berlin 2007

K. Steinorth (Hg.), Lewis Hine. Die Kamera als Zeuge – Fotografien 1905-1937, Kilchberg-Zürich 1996

Robert Doisneau, Gestohlene Blicke. Erinnerungen eines Bilderdiebs, München 2004

R. Jones/U. Pohlmann, Wait for Walk, Ostfildern 2007

Literatur zum Aufsatz „Formierung der Landeshauptstadt" von Irmgard Christa Becker

H.-C. Herrmann, Vom Wiederaufbau zur Landeshauptstadt, Europastadt und Grenzmetropole (1945-1974), in: Rolf Wittenbrock (Hg.), Geschichte der Stadt Saarbrücken, Bd. 2, Saarbrücken 1999, S. 339-452

K. Schwingel (Hg.), Saarbrücken – 50 Jahre Großstadt, Saarbrücken 1959

L. Kugler (Hg.), Von der „Stunde 0" zum „Tag X". Katalog zur Ausstellung des Regionalgeschichtlichen Museums im Saarbrücker Schloss, Saarbrücken 1990

H. Krajewski, Schaffenskreise. Architekt und Stadtbaurat in Bremen, Leverkusen und Saarbrücken, Saarbrücken 1980

Bilder Barbian: www.saarlandarchiv-walter-barbian.eu

ECHOLOT. HISTORISCHE BEITRÄGE DES LANDESARCHIVS SAARBRÜCKEN

Herausgegeben von Ludwig Linsmayer

Band 7:

Eva Labouvie (Hg.)

Adel an der Grenze
Höfische Kultur und Lebenswelt im SaarLorLux-Raum (1697 – 1815)
Saarbrücken 2009

328 Seiten, Hardcover, Fadenheftung, 25,5 x 21 cm, Papier: LuxoSatin 135 g/m², circa 240 Abbildungen
ISBN 978-3-9811672-0-7
Preis: 29,80 €

Band 8:

Minoti Paul

Der Ludwigsberg
Fürstliche Gartenkunst in Saarbrücken (1769 – 1793)
Saarbrücken 2009

392 Seiten, Hardcover, Fadenheftung, 25,5 x 18,5 cm, circa 220 Abbildungen
ISBN 978-3-9811672-1-4
Preis: 29,80 €

Band 5:

Paul Burgard / Ludwig Linsmayer

50 Jahre Saarland
Von der Eingliederung in die Bundesrepublik bis zum Landesjubiläum
Saarbrücken 2007

472 Seiten, Hardcover, Fadenheftung, 25,5 x 25,5 cm, Papier: LuxoSatin 135 g/m², circa 800 Fotografien
ISBN 978-3-980 85 56-7-9
Preis: 34,80 €

Band 3:

Ludwig Linsmayer (Hg.)

Die Geburt des Saarlandes
Zur Dramaturgie eines Sonderweges
Saarbrücken 2007

424 Seiten, Hardcover, Fadenheftung. Zahlreiche Abbildungen. Format: 21 x 25 cm. Papier: Samtoffset 135 gr/m²
ISBN 3-980 85 56-3-5
Preis: 28,00 €

Informationen und Bestellungen

Internet: www.landesarchiv.saarland.de · Mail: foerderverein@landesarchiv.saarland.de

ECHOLOT. HISTORISCHE BEITRÄGE DES LANDESARCHIVS SAARBRÜCKEN

Herausgegeben von Ludwig Linsmayer

Band 1:
Ludwig Linsmayer (Hg.), **Der 13. Januar**
Die Saar im Brennpunkt der Geschichte, Saarbrücken 2005
ISBN 3-93 8415-00-2, Preis: 24,80 €

Band 2:
Paul Burgard/Ludwig Linsmayer, **Der Saarstaat / L'Etat Sarrois**
Bilder einer vergangenen Welt – Images d'un monde passé, Saarbrücken 2005
ISBN 3-980 85 56-2-7, Preis: 29,80 €

Band 3:
Ludwig Linsmayer (Hg.), **Die Geburt des Saarlandes**
Zur Dramaturgie eines Sonderweges, Saarbrücken 2007
ISBN 3-980 85 56-3-5, Preis: 28,00 €

Band 4:
Paul Burgard/Ludwig Linsmayer (Hg.), **Wege zum Heil**
Auf den Spuren der Jakobspilger an Saar und Mosel

Band 5:
Paul Burgard/Ludwig Linsmayer, **50 Jahre Saarland**
Von der Eingliederung in die Bundesrepublik bis zum Landesjubiläum, Saarbrücken 2007
ISBN 978-3-980 85 56-7-9, Preis: 34,80 €

Band 6:
David Blackbourn, **Marpingen**
Das deutsche Lourdes in der Bismarckzeit, Saarbrücken 2007
ISBN 978-3-980 85 56-8-6, Preis: 29,80 €

Band 7:
Eva Labouvie (Hg.), **Adel an der Grenze**
Höfische Kultur und Lebenswelt im SaarLorLux-Raum (1697 – 1815), Saarbrücken 2009
ISBN 978-3-9811672-0-7, Preis: 29,80 €

Band 8:
Minoti Paul, **Der Ludwigsberg**
Fürstliche Gartenkunst in Saarbrücken (1769 – 1793), Saarbrücken 2009
ISBN 978-3-9811672-1-4, Preis: 29,80 €

Band 9:
Paul Burgard/Ludwig Linsmayer (Hg.), **Bilder der Großstadt**
Barbian belichtet Saarbrücken, Saarbrücken 2009
ISBN 978-3-9811672-2-1, Preis: 29,90 €

KLEINE REIHE

Paul Burgard/Ludwig Linsmayer (Hg.), **Jakobswege an Saar, Blies und Mosel**
Wanderführer für die Region, Saarbrücken 2006
ISBN 3-980 85 56-5-1, Preis: 9,80 €
2. Auflage erscheint 2009

Paul Burgard/Ludwig Linsmayer (Hg.), **Das Saarland**
Eine europäische Geschichte, Saarbrücken 2007
ISBN 978-3-9808556-9-3, Preis: 14,80 €

Informationen und Bestellungen

Internet: www.landesarchiv.saarland.de · Mail: foerderverein@landesarchiv.saarland.de